A Pocket Guide to
Amish
Life

아 미 쉬 생 활 에 대 한 작 은 안 내 서

민디 스탄스 클락

도/생각과 사람들

CONTENTS

Foreword. 서문

우리는 왜 이렇게 아미쉬에 환호하게 됐을까? 그들의 매혹적인 드레스나 단순한 삶의 양식에 호기심을 느끼지 않았더라면, 우리는 그들의 특이하고 엄격한 방식에 꼬투리를 잡고 늘어졌을지도 모른다. 우리의 호기심은 동경과 혼란, 의심 등과 뒤섞여 있다. 이 사람들은 누구지? 왜 그들은 이런 방식으로 살아갈까?

또, 왜 우리는 그들에게 이렇게 신경을 쓰고 있나?

한 가지 분명한 것은, 아미쉬가 우리의 호기심에 불을 붙이고 있다는 사실이다. 또 우리는 아미쉬들이 만든 제품을 사고, 아미쉬 조리법을 따라 요리하며, 아미쉬를 다룬 소설을 읽는다. 우리는 '아미쉬 사회'라고 부르는, 아미쉬들이 많이 사는 펜실베이니아 주의 랭커스터 카운티나 오하이오 주의 홈스 카운티 같은 곳으로 휴가를 떠난다. 그곳에 머물면서 우리는 차 안에서 그들이 나타나기를 기다렸다가 멀찍이 떨어져서 그들의 사진을 몰래 찍기도 한다. 이러한 우리의 행동은 혹시 다람쥐 쳇바퀴 도는 것 같은 삶에서 오는 스트레스나 현대 과학기술의 방해가 없는 삶은 어떤 모습일지 궁금한 것이 아닐까? 가끔, 우리는 아미쉬의 일원이 되어 그들의 방식대로 살아 보는 건 어떨까, 하고 상상해 보기도 한다.

하지만 보통 이런 생각들은 그냥 스쳐 지나갈 뿐이다. 왜냐하면 우리는 텔레비전, 이메일, 차가 없는 곳에서 살아갈 수 없다는 것을 스스로 잘 알기 때문이다. 우리가 진정으로 아미쉬 사회의 일원이 되는 것을 원하는 게 아니더라도, 아미쉬에게 그만큼 매력을 느끼고 있다는 얘기다. 하지만 우리의 이러한 마음을 아미쉬인들이 항상 이해하는 것은 아니다. 아미쉬 가운데 어떤 현자는 다음과 같은 글을 남겼다.

° 우리의 믿음을 존경한다면, 당신의 믿음을 더 강화하세요.
° 우리의 헌신을 존경한다면, 당신의 헌신을 더 깊게하세요.
° 우리의 공동체 정신을 존경한다면, 그런 정신을 만들어 보는 건 어때요?
° 단순한 삶이 좋아 보인다면, 당신의 삶을 단순하게 만들어 보세요.
° 우리의 질 좋은 상품이나 토지책임제가 부럽다면, 스스로 더 높은 품질을 추구해 보세요.
° 깊은 인격과 인내하는 삶의 가치를 존경한다면, 그 가치대로 살아 보세요.

이 유명한 문구는 아미쉬 사회의 관광 명소와 레스토랑 여기저기에 붙어 있다. 이 편지를 보자마자 이 메시지가 왜 그토록 널리 알려져 있으며 또 왜 중요한지 이해할 수 있었다. 우리 모두 아미쉬가 될 수는 없더라도, 우리가 그들의 예시를 따르며 잘 생활할 수 있는 다양한 방법이 분명히 있다는 메시지를 이 글이 던져 주고 있기 때문이다.

불행히도, 위의 글처럼 실천하며 살아가는 것이 쉽지만은 않다. 아미쉬와 관련한 신화와 더불어 부정확한 정보와 명백한 오해가 널리 퍼져 나가면서 아미쉬에 대한 기본적인 사실까지 지나치게 오도되고 있기 때문이다. 이 작은 안내서의 목적은 아미쉬와 그들의 삶에 대한 정확한 정보를 접근하기 쉬운 형태로 올바르게 제공함으로써 오해를 바로잡고자 한다.

이 책에서 독자 여러분은 다음과 같은 코너를 접할 것이다.

- 아미쉬에 대한 <u>매력적인 사실(Fascinating Facts)</u>은 정말 흥미로운 내용을 담고 있으며 또 당신에게 새로운 정보를 제공할 것이다.

- <u>쉽게 푸는 가치(takeaway value)</u>는 우리가 그들에게 배우고 또 우리 삶에 적용할 만한 다양한 아미쉬 관행을 소개한다.

- 복잡한 개념에 대한 설명을 통해 당신의 발길을 잠시 멈추어 '<u>생각해 보도록(Think about it)</u>' 이끌어 줄 것이다.

- **동전의 양면(The Flip Side)**에 나오는 아이템은 아미쉬의 특정 가치나 관행의 장점과 단점을 균형 있게 보여 줄 것이다.
- **그들의 말로는(In their own words)** 코너에서는 아미쉬 남성과 여성, 어린이들의 인터뷰를 통해 얻은 그들의 목소리를 생생하게 들을 수 있다.
- **웹사이트를 찾아 주세요(Website extra)**는 저자의 홈페이지 www.morefrommindy.com을 통해 더욱 심층적인 정보를 얻도록 이끌어 준다.

랭커스터 카운티 근처에 살면서, 나는 아미쉬에 대한 존경심을 수년간 키워 왔다. 비록 그들의 일상을 따라 똑같이 살 수는 없었지만, 아미쉬 방식이 그들에게 어떻게 효과가 있었는지 이해하게 됐다.

이 책에서 나는 아미쉬를 낭만적으로만 그리지 않았다. 이해하기 어려운 규정에 대한 판단도 유보하지 않았다. 사실, 아미쉬에 대한 주제는 너무나 방대하다. 그래서 나는 이 책을 쓰면서 나의 관찰, 질문, 연구, 인터뷰, 보고서를 간략하게 만드는 데 초점을 두었다. 이런 과정을 거치면서 우리에게는 아미쉬의 삶의 방식이 완전히 낯설고 독특하지만, 진정으로 연구할 가치가 있다는 것을 확신할 수 있었다.

이 책을 읽으면서 독자 여러분이 아미쉬의 믿음과 삶, 가치에 대해 이해하고 아미쉬에 대해 왜 흥미를 느끼는지 자신만의 의견을 정립하는 데 도움이 되기를 바란다. 무엇보다도, 이 한 손에 잡히는 크기의 책을 통해 독자 스스로 믿음을 더욱 굳건히 하는 데 도움이 되기를 기원한다. 나아가 아미쉬인들과 독자가 서로 새로운 시각을 통해 성장하는 것을 도울 수 있다면 더 바랄 나위 없겠다.

부디 즐겨 주시길!

PART 1
기초(Foundation)

마침내 헛간 준공식 날이다. 푸른 하늘에는 구름 한 점도 없었고 부드러운 바람이 불고 있다. 새벽부터 차와 수레 행렬이 이어졌다. 매튜는 새로 도착한 이들에게 차를 세우고 말을 묶어 놓을 곳을 안내했다. 말을 묶어 놓는 기둥에는 말이 먹이를 먹을 수 있게 먹이통이 설치되어 있었다. 헨리 또한 이 말 손님들을 위해 물이 담긴 양동이를 날랐다.

얼마나 많은 사람이 나타날지 아무도 짐작하지는 못했지만, 아침 7시밖에 안 된 시간임에도 불구하고 어림잡아 200명의 사람들이 벌써 밀러 농장 주변을 서성이고 있었다. 그날 꼭 해야 하는 일들과 심부름이 끝나면 더 많은 사람이 몰려올 터였다.

_메리 엘리스, 〈과부의 희망〉

01. 아미쉬란(What Amish Means)

아미쉬란 무엇을 의미하는가? 웹스터 사전의 정의에 따르면,

Amish(아미쉬)

➔ 복수 명사

메노나이트[16세기 종교개혁 시기에 네덜란드의 메노 시몬스(Menno Simons)가 창시한 재세례파 교파_역주] 파에서 17세기에(미국에서는 18세기에) 분리되어 나온 기독교인 교파의 구성원.

아미쉬는 장식 없는 옷을 입고 단순한 생활을 하며, 현대 문명의 이기(利器)에 거의 의존하지 않으며 농경 사회를 이룬다.

어원 I 야코프 암만(혹은 아멘), 창립자의 이름에서 따옴.

➔ 형용사

이 교파에 속한

이 사전적 정의가 특정 집단을 분류하는 데 많은 도움을 주는 것 같지는 않다.

이 교회는 지난 수 세기 동안 성장하고, 팽창하고, 분리

되어 북미 지역에 25개가 넘는 아미쉬의 분파가 존재하고 있다. 이 분파들은 또 약 1,700개의 지역 교회로 분산되었다. 아미쉬 정착민들은 미국의 27개 주와 캐나다에 자리 잡고 있다.

중앙집권적 교단의 권위가 따로 없기 때문에 각 아미쉬의 지파는 이 교회에 속한 사람들의 크고 작은 대소사에 이르는 문제까지, 어떤 일을 허용할 것인지에 대해 결정을 내려야 한다. 어떤 아미쉬 사회에서 허용되는 어떤 일이 다른 지방의 아미쉬 사회에서는 엄격히 금지될 수도 있다. 외부인들은 아미쉬들이 모두 무척 보수적이라고 생각하지만, 보수적인 것에도 다양한 단계가 있다.

o 그들의 말로는(In Their Own Words)

"우리 아미쉬에게, 문화와 종교는 한데 엉켜 있어 이 둘을 분리하기 어렵다. 사실, 아미쉬는 믿음의 문화라고 할 수 있다."

아미쉬에 대해 일반적인 시각으로 분석을 해보려고 해도, 이 다양한 집단과 하위 집단의 무수히 많은 다양성과 차이점 때문에 접근이 쉽지 않다. 모든 단정적 선언에는 예외가 있기 마련이다. 이 모든 다양한 변주들 사이에서 그들은 어떤 의미를 만들기 위해 부단히 노력한다. 그런 의미에

서 자신들을 아미쉬라고 부르는 많은 집단 간의 가장 명백
한 유사성과 차이점을 먼저 살펴보자.

대부분의 아미쉬 공동체는 이러한 유사성을 지닌다.

- 그들은 18세기에 알려진 믿음의 근거에 고착되어 있
  다.
- 그들은 독특한 '민무늬' 의복을 입는다.
- 그들은 예배를 드리기 위해 교회보다 서로의 집을
  선택한다.
- 그들은 자신들의 집에 공공시설(전기, 가스, 물 등)
  을 연결하지 않는다.
- 그들은 말과 마차를 중요한 이동 수단으로 삼는다.
- 그들은 의무교육 기간을 8학년까지로 제한한다.
- 그들은 시골 지역에서 살아간다.
- 그들은 농경의 생활양식을 강조한다.
- 그들은 평화주의자다.
- 그들은 추첨을 통한 신의 임명에 의해 자신들의 종
  교 지도자를 선출한다.
- 그들은 자신들의 모국어에 독일어 방언을 더해 사용
  한다.
- 그들은 자신들의 역사와 순교자의 유산에 가치를 두
  고 살아간다.

반면, 아미쉬 집단은 자신들의 독특한 방식을 다양하게 해석한 뒤 이를 생활에 적용한다. 이런 면에서는 매우 다르다고 볼 수 있다.

° 기술
° 의복
° 마차의 모양
° 교회의 규율
° 배수로
° 정부의 보조
° 수염
° 잔디 깎는 스타일
° 교통수단
° 구원의 확신

이 작은 안내서의 초점

이 책을 갖고 다니기 쉬운 사이즈로 만들기 위해 나는 가장 잘 알려진, 큰 교파인 아미쉬 구파(Old Order Amish)에 초점을 맞추었다. 모든 아미쉬 교파, 심지어 아미쉬 구파에도 해당되지 않는 단정적인 문장을 피하기 위해, 아미쉬의 생활과 규율을 묘사할 때마다 '자주, 대부분, 많은' 같은 용어를 사용할 것이다. 독자 여러분이 조금 덜 보수적인 비치 아미쉬(Beachy Amish)나 더 보수적인 스와첸트루버 (Swartzentruber) 같은 교파에 대한 좀 더 광범위한 정보를 원한다면, 더 심층적인 연구를 위한 유용한 정보를 제공하고 있는 웹사이트(www.morefrommindy.com)를 방문하기 바란다.

비록 아미쉬가 영국인 'English' 나 자유인 'fancy' 처럼 아미쉬가 아닌 사람을 묘사하는 용어를 사용하지만, 이 책에서는 '비아미쉬인' 혹은 '외부인' 이라는 용어를 사용할 것이다. 이 안내서는 아미쉬의 삶을 외부로부터 관찰할 것이기 때문이다.

○ 매력적인 사실(Fascinating Facts)
  아미쉬는 비아미쉬인을 영국인(English)이라고 부른다. 자신들이 주로 사용하는 독일어 방언이 아닌 영어를 구사한다는 이유에서다.

아미쉬라는 단어

아미쉬라는 단어는 원래 야코프 암만이라는 사람의 가르침을 따르는, 보수적인 기독교인들의 집단을 의미한다. 시간이 흐르면서, 아미쉬는 더 많은 것을 포함하는 개념으로 의미가 변화되었다. 믿음의 문화, 생활양식, 가치 체계, 의복의 스타일, 그리고 기술을 받아들이는 양식 등을 포괄하게 된 것이다. 그러면서 명사인 동시에 형용사로도 사용되었다.

오늘날, 아미쉬는 마케팅의 유행어다. 잼 병(Jam jar)이라든지, 온풍기는 물론 뒷마당의 헛간과 그네 그리고 미끄럼틀을 비롯한 다양한 놀이기구에 이르기까지 어디서든 '아미쉬'라는 용어를 볼 수 있다. 외부인들은 그들에게 아미쉬라는 별명을 붙여 제품의 질, 가치, 성실성에 대한 좋은 평판을 얻어 돈을 벌고자 한다. 상업적인 이용이 아니냐는 논란이 있지만, 한편으로는 '아미쉬'라는 단어에 고된 노동을 통해 자신의 원칙대로 사는 사람들에 대한 높은 칭송이 담겨 있다는 것을 의미한다.

02. 믿음(Beliefs)

아미쉬에 대해 가장 큰 오해가 있는 부분이 바로 신앙 체계 부분이다. 아미쉬는 이교도인가? 그들은 현대 문명의 편리성을 부정하는 것이 천국으로 가는 방법이라고 생각하는 걸까? 그들은 구원이라는 개념을 믿는가?

아미쉬는 분명 기독교인이며, 아래와 같은 기독교 믿음의 교리에 충실하다.

° 하나님은 한 분이다.
° 하나님께서는 삼위일체다.
° 예수님은 이 땅에 육신으로 오셔서 돌아가시고, 승천하셨다.
° 구원은 믿음의 은총을 통해 온다.
° 성경은 신성한 영감을 통해 쓴 하나님의 말씀이다.
° 교회는 예수님의 몸(지파)이다.

이처럼 아미쉬의 관행이 많은 사람에게 특이해 보이지만, 이들의 믿음의 문화는 분명 기독교의 것이다. 아미쉬는 이교도가 아니고, 구원을 믿으며, 자신들의 생활양식을 통해 은총을 구하려는 것은 더더욱 아니다.

대부분의 아미쉬 지파들은 구원에 대한 확신을 주장하기보다 '살아 있는 희망'이라든가 '끊임없는 노력'이라는 용어를 더 선호한다. 영혼의 궁극적 운명은 신의 섭리일 뿐, 인간이 확신을 갖고 주장하는 것이 아니라는 겸손함이 있기 때문이다.

○ 그들의 말로는(In Their Own Words)

"자신의 삶의 몫이나 그가 속한 문화적 맥락에 상관없이, 누구나 스스로 그리스도를 따르는 사람이 되겠다고 선택하는 것은 축복이다. 하나님을 믿고 영원한 생명을 얻기 위해 아미쉬가 될 필요는 없다. 하지만 그렇지 않다면, 하나님은 당신이 아미쉬가 되길 원할 것이다."

아미쉬 생활양식에서 특이하거나 혼란스러워 보이는 요소는, 복잡하고 논란의 소지가 많은 해방신학과 관련된 것이 아니다. 오히려 매일매일 이어지는 그들의 삶에서 그리스도의 발자취를 따라 살아가기를 선택하는 방식에 대한 것이다. 아미쉬는 예수의 가르침을 따르고자 노력하고, 특정 가치를 특히 강조하며, 산상수훈(山上垂訓)을 따른다. 비록 외부인들은 아미쉬가 이런 교리를 너무 극단적으로 따른다고 생각하지만, 그들의 믿음의 교리는 분명 기독교 성경에 기반을 두고 있는 것이다.

아미쉬의 가치

아미쉬의 삶을 가장 잘 이해하기 위해서는 그들의 믿음에 있어 거의 모든 측면을 이끄는 기본 가치들을 이해하는 것이 도움이 된다.

° 하나님을 위해 자신의 의지를 포기한다(surrender)
° 권위와 믿음의 공동체, 그 규칙에 복종하고(submit)
° 선민이 되기 위해 가족을 믿음의 공동체로 돌려놓고, 역사와 전통을 존중하고, 모욕을 애써 참음으로써 세상과 분리되고(separate)
° 겸손과 단정함, 근검절약, 평화의 실천을 통해 단순화한다(simplify)

예수는 바로 이런 포기와 복종, 분리와 단순화의 삶을 살았다. 그럼으로써 자신의 삶을 통해 이런 가치들의 완벽한 예시를 제공했다. 십자가에 못 박히기 전날에도 예수는 게쎄마니 언덕에서 무릎을 꿇고 이렇게 기도했다. "이 잔을 제게서 거두어 주소서, 그러나 제 뜻대로 마시고 아버지의 뜻대로 하소서.(루가복음 22장 42절)"

아미쉬들은 예수가 이때 처했던 것처럼, 이 구절을 마음속에 간직한 채 삶의 모든 영역에서 복종하기 위해 노력하는 기반으로 자주 인용한다. 이처럼 그들만의 다양하고 독특한 생활양식의 규정들이 있기에, 그들은 이렇게 그리스도적으로 사는 것을 최우선의 목표로 삼고 있다.

- **쉽게 푸는 가치(takeaway value)**
  우리도 모든 면에서 그리스도처럼 사는 것을 추구해야 한다. 비록 우리와 아미쉬의 관행은 무척 달라 보이지만 말이다.

- **그들의 말로는(In Their Own Words)**
  "모든 것을 고려해 볼 때, 나는 하나님의 뜻을 찾고 내 인생에서 그분의 섭리하심을 따르는 것이 최고의 방법이라고 생각한다. 나는 1965년 펜실베이니아 주 랭커스터에서 아미쉬 부모님으로부터 태어났다. 이는 우연이 아닌 큰 계획의 한 부분이었다."

03. 공동체(Community)

공동체는 아미쉬 삶의 기초다. 이곳은 아미쉬들이 자신들의 정체성과 그에 대한 지지를 얻고, 생활양식, 예배, 동급생, 배우자, 친구들을 만나는 곳이다. 공동체는 아미쉬 힘의 원천이고, 재앙이 일어날 때는 마치 보험증권처럼 작용해 적대적이거나 지나치도록 호기심이 많은 세상에서 안전한 피난처가 되어 준다.

외부인들에게 이런 강력한 공동체성은 아미쉬의 삶의 양식 중에 가장 흥미로운 부분이다. 어떤 사람이 어려운 일을 당했을 때 그들 곁을 든든하게 지켜 주고, 좋은 일이 있을 때는 서로 축하해 주며 삶의 굴곡을 함께 이겨 낼 사랑하는 친구나 친척으로 구성된 사회적 안전망을 바라지 않는 사람이 있을까?

문화적으로 고립된 우리들의 귀에는 이런 생각이 아름답게만 들린다. 그러나 우리가 아미쉬 공동체의 다른 면을 살펴보면 모든 면을 제약하는 것처럼 보이는 무수한 규칙과 대의를 위한 개인의 희생, 가혹하고 고통스러워 보이는 제명(excommunication)과 기피(shunning)의 관행이 있다. 아미쉬는 이를 감내할 만한 가치가 있을까? 수많은 혜택은 그에 따른 부작용 없이 작동할 수 있을까?

아미쉬 사고방식의 이런 요소들은 아미쉬 공동체에 대한 견해를 이해하는 데 도움을 줄 것이다.

- 공동체 구성원은 모두 하나님을 따를 책임이 있다.
- 겸손의 미덕은 하나님과 다른 사람들에 대한 존경으로 나타나야 한다.
- 모든 사람은 존엄과 존경을 받을 가치가 있다.
- 개인이 결정을 내림에 있어 자신의 욕망을 최대한 감출 때 공동체는 더욱 강해진다.
- 전통은 진보보다 더욱 중요하다.
- 개인의 생각보다는 누적된 지혜가 더 훌륭하다.
- 다양한 형식의 권위는 존중되어야 한다. 목사(전도사)는 주교에게, 신자들은 지도자에게, 아내는 남편에게, 아이들은 부모에게, 학생들은 선생님에게, 젊은이들은 노인에게 복종해야 한다.

이런 믿음은 아미쉬 생활에 있어 공동체가 왜 그토록 중요한지를 이해하는 데 도움을 준다.

상호 부조

보통 아미쉬는 상업보험에 가입하지 않는다. 어려움에 처하거나 재앙이 닥치더라도 교회 공동체의 일원들이 개입

해 도와줄 거라고 믿기 때문이다. 이런 원칙은 이중의 목적이 있다. 이는 공동체와 교회가 별개로 유지될 수 있게 도와준다. 또한 아미쉬 공동체를 단단하게 결집시켜 주며, 서로 더 깊이 의존하게 만든다. 몇몇 아미쉬 공동체는 그들만의 공적 보험 프로그램을 만들었다. 다른 공동체도 공동체 구성원들의 수요를 공적 기반에 의존하는 곳이 거의 없다. 두 가지 모두, 공동체는 소속된 구성원들을 물리적 혹은 재정적으로 보살펴 준다. 예를 들어,

° 구성원이 감당할 수 없을 만큼 병원비에 대한 부담이 크면, 공동체는 그들을 위해 병원비를 낸다.
° 어떤 건물이 불에 타 무너지면, 공동체는 새로운 건물을 지어 준다.
° 누군가 죽으면, 공동체는 장례 절차를 돕고 또 며칠 동안 농장 일과 가사를 도맡아 해준다.
° 다른 공동체가 자연재해 등으로 고통을 받는다면, 그 공동체를 돕기 위해 먼 길도 마다하지 않는다.
° 농부가 부상을 당하면, 공동체는 그의 병이 나을 때까지 그의 농장 일을 이어받아 해준다.

함께 일하며
'백지장도 맞들면 낫다' 는 속담이 있지 않은가? 아미쉬

는 이런 원칙을 과학적으로 풀어 지루한 일상의 짐을 자주 나누고는 한다. 예를 들어, 성인이 된 자매는 한 달에 한 번 서로 집에서 만나는데, 그들의 용어로는 즐거운 놀이(frolic)라고 부른다. 이 모임은 서로 집을 방문해 식물을 저장하고, 옥수수 껍질을 벗기고, 집을 청소하는 등 가사를 돕기 위한 것이다. 그들은 번갈아 가며 서로 집을 방문해 일을 도우며 즐거운 시간을 보낸다. 아미쉬 여성들은 오랜 기간 지속해 온 퀼트 모임을 함께하기도 한다.

아마도 공동체 활동의 가장 큰 상징이 헛간 준공식일 것이다. 이 행사는 수백 명의 아미쉬인들이 모여 하루 동안 함께 일하는 것이다. 약 아홉 시간에 걸쳐, 그들은 수 세대 동안 지속될 참나무(oak)로 된 기둥과 말뚝으로 헛간을 짓는다. 아미쉬들은 이 헛간을 농사, 즉 곡식과 먹을 것을 저장하는 데 사용함은 물론 가축을 키우고 또 귀한 농기구들을 보관하는 데 사용한다. 헛간은 또한 장례식, 결혼식, 세례식 등 교회의 행사가 열리는 사회적 중심이 되기도 한다.

아미쉬에게 이는 단순히 자신들의 삶을 규정하는 가장 중요한 가치 가운데 하나일 뿐이지만, 외부인들의 눈에는 그 정도까지 서로 돌보는 아미쉬 공동체 구성원들의 삶이 믿기 어려울 정도로 놀라운 일이다.

● 동전의 양면(The Flip Side)

장점ㅣ믿음의 공동체에 둘러싸인 사람은 언제나 우정, 동료애, 안정, 도움, 책임감을 느낄 수 있다.

단점ㅣ이렇게 밀접하게 엮인 상호 의존적인 공동체에는 소란, 속단, 소문이 끊이지 않을 수 있다.

● **쉽게 푸는 가치(takeaway value)**

즐거운 놀이(frolic)를 하며 집안일을 하는 발상은 당신이 아미쉬이든 아니든 정말 대단하지 않은가! 친구들이나 친척들과 한 달에 한 번씩 함께 만나 지루한 가사를 몇 시간 동안 함께하면서 일하는 방식을 한 번 고려해 봐라. 매달 번갈아 가며 한차례씩 다른 사람들의 집에 방문하는 것이다. 일은 빨리 끝날 것이며, 참석자들은 이런 멋진 방문을 기다리게 될 것이다.

04. 분리(Separation)

아미쉬 신앙의 핵심 요소 가운데 하나는, 기독교인은 세상에 속하는(of) 속된 것이 아니라 세상 안에(in) 있는 것이라는 개념이다. 아미쉬의 많은 관행은 이 원칙에 기반을 두고 있으며, 그들은 자신들을 아미쉬가 아닌 배경에서 분리하는 것뿐만 아니라 믿음의 공동체로서 서로를 향해 서는 것까지 포함한다.

성경의 기반

로마서 12장 2절에는, "너희는 이 세대를 본받지 말고, 너의 마음을 새롭게 함으로써 변화하라"고 되어 있다. 아미쉬는 이 구절을 자신들의 생각뿐만 아니라 외양과 행동에 있어서도 삶의 모든 부분이 세상의 것과 달라야 한다는 것으로 해석한다.

박해(Persecution)

앞으로 11장에서 살펴보겠지만, 초기 재세례파들은 자신들의 신념 때문에 박해를 받고 고문을 당하고, 심지어 죽임까지 당했다. 이는 아미쉬의 믿음을 세운 '순례자의 전통'을 만든 것이다.

아미쉬들은 자신들의 비극적 역사를 설교, 책자, 심지어 일상의 대화에서도 자주 언급한다. 아미쉬 가정에는 대부분 〈순교자의 거울(Martyrs Mirror)〉이라는 1,100페이지에 달하는 책이 있는데, 여기에는 기독교 믿음의 다양한 순교자들에 대한 이야기가 무시무시할 정도로 자세히 묘사되어 있다.

아미쉬는 16세기의 재세례파들을 따르면서 이후 수십 년 간 험악한 박해의 시기를 겪어야 했다. 예를 들어, 전쟁 당시 미국에서 아미쉬의 양심적 병역거부자들은 표적이 되어 왕따, 조롱 등 다양한 종류의 고통에 시달렸다.

비록 아미쉬에 대한 대중의 감정은 시간이 지나면서 극적으로 변화했지만, 박해의 역사는 아미쉬의 신념을 지닌 사람들에게 있어 법률과 폭력 그리고 강압이 판치는, 이 세상의 왕국이 아니었다. 이를 통해 평화롭고, 사랑이 가득하고, 친절한 신의 왕국에 대한 필요성을 강화하는 계기가 되었다.

분리의 명백한 징후

아미쉬는 이와 같은 크고 작은 특정 행위를 통해 자신들이 사회에서 분리되었음을 드러낸다.

° 아미쉬의 집에는 외부 세계와 연결하는 전화나 전기
  선이 없다.

° 아미쉬는 자신들을 공동체로 드러내면서도 세상과 의 단절을 보여 주는 독특한 스타일의 의복, 교통수 단, 문화적 표식(cultural markers)이 있다.
° 아미쉬는 가정과 교회에 부정적인 영향을 줄지도 모 르는 특정 기술의 종류에 대해 제한을 둔다.
° 아미쉬는 신자들 사이의 갈등을 해결하는 데에 법적 시스템이나 정부가 개입되기보다, 교회의 구조 내 에서 해결한다.
° 아미쉬는 상업 보험 같은 외부의 경제적 조건에 의 존하지 않는다.

아미쉬 생활양식의 특징을 살펴보면, 그들이 자신들을 세계에서 분리하기 위한 결정이 상당히 많다. 종종 혼란스 러워 보이는 임의의 규칙이나 규정을 이해하는 데 도움이 될 것이다.

● 매력적인 사실(Fascinating Facts)

비록 아미쉬는 집에 전화기가 없이 살지만, 대부분은 가까 운 곳에 전화를 이용할 수 있는 시설이 있다. 종종 몇몇 이 웃들이 전화기 한 대를 놓고 공유하거나, 중심가에 공중전 화 부스를 설치한다. 그들은 이런 방식으로 자신의 집에서 경박한 전화벨 소리를 듣지 않고, 가족 간에 시간의 방해를

받지 않으면서도 여전히 통신 서비스의 접근성을 유지한 채
자신들의 집을 '공공시설을 이용하지 않는(off the grid)'
집으로 유지한다.

세금

아미쉬 역시 다른 사람들과 마찬가지로 소득세, 재산세,
판매세, 부동산세 등 모든 종류의 세금을 납부한다. 그들이
종교적인 목적에서 제외되기를 선택할 수 있는 유일한 세금
이라고는 사회연금보장제도와 더불어 몇몇 주에서 가입하
는 노동자 재해보상보험(산재보험) 정도다.

아미쉬는 이 두 가지를 보험의 형태로 보기 때문에 보통
가입하지 않는다. 위기의 시기에 부딪히면 아미쉬는 정부
에서 돈을 받기보다 성경의 가르침에 따라 서로 경제적으로
돕는 편을 택한다.

내부인과 외부인

아미쉬는 스스로 지키기 위해 자신들의 삶에 대한 연대
를 통해 힘을 얻는다. 자신들의 분리에 대한 율법에도 불구
하고 아미쉬는 비아미쉬인들과 우정을 나눈다. 한 아미쉬
인은, "우리는 정체성의 붕괴가 일어나지 않는 한 우정을
소중히 지킨다."고 말한다. 또한 아미쉬는 비아미쉬와 정기
적으로 교류하며 비즈니스를 한다.

○ 생각해 봅시다(Think about it)

바깥세상과 자발적으로 분리하려는 아미쉬의 뚜렷한 표식은 외부의 유혹과 죄악으로부터 멀어질 수 있는 안전지대를 제공하기도 한다. 예를 들어, 아미쉬 남성은 결혼을 할 때 더 이상 턱수염을 깎지 않고 길러야 한다. 덥수룩한 수염에 윗입술 부분만 면도한 아미쉬 남성은 자신이 결혼한 것을 숨기거나 부정할 수 없다. 이에 반해 비아미쉬 남성은 결혼 반지를 빼 두고 하룻밤쯤 미혼인 척할 수 있지만, 아미쉬 남성은 자신의 턱수염을 다시 만들어 자신의 부인에게 돌아갈 방법이 생길 때까지 턱수염을 없앨 수 없다.

05. 무저항 평화주의(Nonresistance)

아미쉬는 사람과의 관계에서 폭력을 사용하지 않는다. 이는 곧 그들이 군대 복무, 자기방어 강화, 공직 진출, 경찰관으로 재직, 법률 송사, 배심원으로서 전혀 참여하지 않는다는 것을 의미한다.

아미쉬가 자신의 종교적 신념과 시민으로서의 법률을 지켜야 하는 상황과 충돌하는 경우, "우리는 사람이 아닌 신께 복종해야 한다(사도행전 5장 29절)"에 나온 사도의 가르침을 따른다. 이런 방침이 때로는 그들을 아주 불리한 상황에 처하게 한다.

미국에서 아미쉬는 지방정부, 주정부, 연방정부와 교육, 군 복무, 부동산 영역 측정, 아동 노동, 사회연금보장제도, 건강관리, 신분증을 위한 사진, 도로 안전 등의 문제와 종종 충돌한다. 다행히도 1967년에 전국 아미쉬 운영위원회가 창립되어 이런 주정부 혹은 연방정부와의 법률적 문제에 대항하는 통일된 목소리를 내기 시작했다.

위원회가 운영되고 또 종교의 자유를 보장하는 미국의 정치 체계 속에서 살아가면서, 아미쉬는 정부의 이해를 얻고 협상해 가며 자신들만의 고유 영역을 만들어 가고 있다. 이런 동의를 얻은 덕분에 아미쉬는 상대적으로 적게 타협하며 자신들의 생활양식을 유지할 수 있다. 실제로 아미쉬 정착지에서 마차의 뒤에 안전 삼각대를 표시하거나 양심적 병역거부를 할 수 있으며, 사회연금보장제도에서 면제되고, 자녀들을 아미쉬의 사립학교에서 교육시키며, 8학년의 의무교육을 마칠 수 있도록 허용해 주는 것이 바로 이런 합의의 결과물이다.

○ 동전의 양면(The Flip Side)

장점 l 아미쉬는 성경의 지시에 따라 서로 법정에 세우지 않고, 신자가 아닌 사람들 앞에서 공동체 구성원들 간의 갈등을 드러내지 않는다.

단점 l 학대나 성추행 같은 심각한 일을 당한 경우에도 경찰이나 법정의 개입을 허용하지 않기 때문에, 이런 상황이 존재하지만 노출되지 않을 수 있다.

○ 쉽게 푸는 가치(takeaway value)

우리는 기독교인으로서 아미쉬의 예시를 따르는 것이 좋지 않을까? 종교적 신념과 자유를 위반하는 법령에 대한 비폭력적인 대응 방식 말이다. 더욱 중요한 것은, 우리는 전 세계에서 자신의 믿음으로 인해 어마어마한 박해에 고통을 받고 있는 그리스도 안에서의 형제와 자매들의 종교적 권리가 법에 의해 침해되지 않기를 기도하고 또 이들을 위해 행동해야 할 것이다.

06. 조직(Organization)

아미쉬 사회는 세 가지 단위의 기반 위에 세워져 있다.

° 정착지(settlement), 지리적 분할
° 교구(district), 교회의 조합 지명
° 소속 분파(affiliation), 일상생활의 구분

정착지(settlement)란 아미쉬가 공동으로 살고 있는 지리적 교구다. 정착지 안에서는 아미쉬의 신념과 관습이 널리 행해지고, 아미쉬가 대다수를 차지하는 곳이다.(정착지는 적어도 100명에서 많으면 3만 명이 넘기도 한다.)

재세례파를 위한 청년 센터(The Young Center)나 경건파의 연구에 따르면, 2009년 7월 현재 미국과 캐나다 내에 약 423개의 아미쉬 정착지가 있는 것으로 추산된다. 규모가 가장 큰 정착지는 오하이오 주의 홈스(Holmes) 카운티, 펜실베이니아 주의 랭커스터 카운티, 그리고 인디애나 주의 엘크하르트(Elkhart)와 라그랑즈(LaGrange)다.

ㅇ 매력적인 사실(Fascinating Facts)
가장 오래된 아미쉬 정착지는 펜실베이니아 주의 랭커스터

카운티다. 규모가 가장 큰 정착지는 오하이오 주의 홈스 카
운티 일대다.

교구(district)란 서로 가까이 살며 함께 예배를 드리는 아
미쉬의 공식 단위다. 교구는 평균 135명의 사람들(20~40여
가족)로 이루어져 있다. 이들은 구성원이나 가족이 늘어나
면, 현재의 교구를 나누어 새로운 교구를 만든다.

아미쉬 중에서도 '아미쉬 구파(Old Order Amish)'는 대
개 교회 건물이 없는 대신 각자의 집이나 헛간에서 다양한
예식과 기능을 수행한다. 따라서, 이들이 집에서 모임을
갖기 위해 교구를 나누는 것은 필수적이다. 아미쉬의 정착
지 자체가 교회가 되기 때문에, 교구는 상대적으로 규모가
작은 편이다. 교구의 경계는 흔히 시냇물과 도로와 같은
지리적인 표시로 나눈다. 그렇기 때문에 인구밀도가 좀 더
높은 아미쉬 정착지에서는 바로 길 건너 이웃이 완전히 다
른 교구에 소속되는 일은 흔치 않다. 청년 센터의 추산에
따르면 2009년 7월 현재, 미국과 캐나다에는 1,727개의 교
구가 있다.

○ 생각해 봅시다(Think about it)

교구의 규모를 제한하는 것은 다분히 실용적인 목적이지만,
여기에 영적인 요소도 포함한다. 아미쉬 구파(Old Order

Amish)에는 거대 교회가 없다는 것을 눈치챘는가? 교구를 작게 유지하는 것은 영적인 친밀성을 높여 준다. 또한 어떤 교구가 너무 힘이 세거나, 자만에 빠지는 부작용을 예방할 수 있다.

소속 분파(affiliation)란 지도자들 사이에 협력적인 관계를 유지하고 또 유사한 생활양식의 규정을 공유하는 교구의 집합이다. 소속 분파는 지리적으로 정의되기보다는 신념이나 행동 양식으로 규정된다. 대략 25개의 각기 다른 아미쉬의 소속 분파가 미국과 캐나다에 존재하고 있다.

소속 분파가 같다면 다른 교구의 구성원들과 동료로 지낼 수 있으며, 교회 행사에 서로 참석할 수 있고 또 결혼할 수 있으며, 목사를 교류하거나 주교를 공유할 수 있다. 비록 규정과 규율이 교구마다 약간 다를 수는 있지만, 한 소속 분파 내의 교구에서는 같은 믿음과 행동 양식을 공유한다.

같은 소속 분파 내의 목사는 서로 정기적으로 만나 쟁점을 논의한 뒤 공통된 입장을 도출한다. 이것은 한 소속 분파 내의 통일성을 제공하고, 목사들이 자신들의 교구를 관리하는 데 도움을 준다.

● 생각해 봅시다(Think about it)
다른 종교의 교파들과 달리, 아미쉬는 중앙집권적 권위자가 없다. 즉 교황, 주교회의, 협회 같은 것도 없다. 대신, 아미쉬의 삶과 행동의 궁극적 권위는 그들이 각자 속해 있는 지방 교구에 있다. 이는 소속 분파 내에서 교구마다 규율이 다양한 이유이며, 각각의 신자들이 자신들의 지도자가 세운 규율을 따르는 기반이 된다.

07. 리더십(Leadership)

아미쉬 교회의 지도자는 세 가지 지위를 지닌다.

° 주교, 목사(전도사), 그리고 집사다.

아미쉬의 믿음에 대한 궁극적인 권위는 지역에 있기 때문에, 이들 지도자들은 교구 단위에서 예배를 드린다. 그들은 독립적으로 일하지만, 교구에 다양한 일이 발생하면 모두 모여서 논의한다.

주교

교구에서 가장 높은 영적 지도자는 주교다. 대부분의 주교들은 한 교구를 맡는다. 하지만, 랭커스터 카운티에서는 한 명의 주교가 두 개의 교구를 관할한다. 주교의 의무는 다음과 같다.

° 신자들의 모임, 세례식, 성찬례, 결혼식, 안수, 장례식을 거행한다.
° 교구의 규정을 해석하고 집행한다.
° 불복종, 규율, 논쟁과 관련된 문제를 해결한다.

° 제명을 권하거나, 필요할 경우 복권할 수 있다.
° 필요할 경우, 이웃 교구의 대리 주교로 일한다.
° 일요 예배에서 설교를 담당한다.

대부분의 전문가들은 아미쉬를 '가부장적 민주주의'로 표현한다. 어떤 결정을 내려야 할 때, 주교는 추천을 하고 신자들은 그에 따라 투표를 한다. 비록 교회 지도자들은 모두 남성이지만, 교회 참여자들 중 여성들도 이 투표 과정과 지도자의 지명에 참여한다.

목사(전도사)

주교 아래 목사, 즉 전도사들이 있다. 대부분의 교구가 두세 명의 목사(전도사)를 두고 있는데, 이들의 의무는 모임에서 설교하는 것과 주교를 도와 신자들을 다양한 방법으로 섬기는 것이다.

집사

대부분의 교구에서 한 명의 집사를 두고 있다. 그들의 의무는 다음과 같다.

° 예배를 드릴 때 성경을 읽고, 기도문을 암송한다.
° 교회의 재정적 지원을 감독한다.

˚ 세례식과 성찬례를 보조한다.

˚ 신자들의 규율 위반을 조사한다.

˚ 제명과 복권의 소식을 관련된 이들에게 전달한다.

˚ 결혼식의 원활한 진행을 위해 교회의 대표자로서 행동한다.

선출 과정

아미쉬 교회에서 지도자를 선발하는 과정은, 사도행전 1장 24절~26절까지에서 나타난 것처럼 '신의 지명'에 기반을 둔 추첨 제도다.

아미쉬는 잠재적 목사(전도사)와 집사를 선발할 때, 신자들 중 남성들 가운데 후보를 지명한다. 일정 득표수를 충족한 후보자들은 추첨에 들어간다. 목사 역시 추첨에 의해 선발되나, 후보자군이 다른 목사들에 의해 적격하다고 추천된 사람들이다.

지도자들을 위한 공식적인 신학 훈련 과정이 있지는 않으며, 평생 재정적 보수를 받지 않고 봉사한다. 이들은 외교적 노력, 즉 다양한 쟁점을 다룬다. 하지만 가끔 공동체 전체에 영향을 미치는 불편한 결정도 내려야 하는 자신들의 의무를 다하기 위해 많은 시간과 노력을 기울여야 한다. 따라서 성직자로 지명되는 것을 명예로 여겨 많은 이가 평생 동안 여기에 헌신하기도 하지만, 아미쉬 남성들 가운데

에는 지도자로 선출되는 것을 선호하지 않는 경우도 있다.

교회 지도자로서의 의무를 다하기 위해 소요되는 시간과 노력이 자신의 일과 가족의 농장 일에 부정적인 영향을 끼칠 수도 있기 때문이다. 그럼에도 불구하고 많은 이가 이 직무를 은혜롭게 여기며 수락하고 있다. 예수그리스도의 "그러나 내 뜻대로 마시고 당신 뜻대로 하소서(루가복음 22장 42절)"의 말씀을 따르기 때문이다.

- **매력적인 사실(Fascinating Facts)**
  추첨은 일요일 집회에서 거행한다. 종이에 적힌 성경 구절을 찬송가책 안에 숨긴다. 찬송가책은 많은 이에게 나눠지고, 후보자들은 하나씩 고르게 된다. 성경 구절이 들어 있는 찬송가책을 고른 사람이 새로운 교회 지도자가 된다.

- **그들의 말로는(In Their Own Words)**
  "목사들이 신의 뜻에 따라 선발된다는 것은 대개 정치적인 부분이 배제되기 때문에 개인적으로 무척 다행이라고 생각한다."

08. 예배(Worship)

아미쉬의 예배는 2주마다 한 번 일요일을 택해 교구의 가정을 돌며 열린다. 모든 신자를 초대할 만큼 집이 넓지 않다면 예배는 헛간이나 지하실 혹은 큰 상점에서 열릴 수도 있다. 교구의 규모에 따라 다르지만, 각각의 아미쉬 가정은 적어도 1년에 한 번은 자신의 집에서 예배를 드리게 된다. 교구는 신자들이 앉을 수 있는 딱딱한 나무 벤치를 예배 바로 전날, 특별히 제작된 수레로 제공해 준다.

세 시간 정도 걸리는 예배 중에는 부모가 돌봐야 하는 아주 어린아이들을 제외하고는 성별과 나이에 따라 나누어 앉는다. 예배 도중에 길고 어려운 고지독일어로 적힌 찬송가에 이어 기도문 낭독이 이어진다. 딱딱한 나무 벤치에 앉아 있는 것 또는 여름의 더위와 겨울의 추위 때문에 힘들기도 하지만, 젊은이들은 물론 노인들에 이르기까지 모두 똑바로 앉아서 집중한다.

아미쉬 구파의 예배는 어떤 반주도 없는 고지독일어로 된 느린 찬송가를 함께 부르는 것으로 시작한다. 신자들이 노래하면, 주교와 목사는 다른 방에 모여 누가 도입부 설교를 하고 또 누가 주 설교를 맡을지 결정한다. 신자들이 노래하고 있는 가운데 고지독일어로 된 성경 낭독 시간이 있고, 침묵 기도 시간에 이어 고지독일어로 된 기도문을 낭독하는 시간이 있다.

펜실베이니아 독일계 방언으로 연설되는 도입부 설교는 특별한 대본이 없는 경우가 많으며, 20분에서 30분 정도 걸린다. 이어 주 설교에 들어가는데, 역시 특별한 대본에 따르지 않고 임기응변처럼 행해지지만 한 시간이 훌쩍 넘게 걸린다.

때로는 "설교하는 경험 그 자체가 꽤 힘이 있다"고 미국의 아미쉬 작가인 에릭 웨스너가 자신의 블로그에 설명하고 있다. "영어와 같이, 교회 설교자에 따라 설교의 스타일이 다양하다. 어떤 목사들은 자신의 요지를 확고히 전달하기 위해 반복에 의존한다. 또 다른 사람들은 눈에 띄게 감정적인 모습을 보인다. 나는 오하이오 주에서 있었던 아미쉬 예배에서의 설교가 기억에 남는다. 펜실베이니아 독일어 방언에 익숙지 않아 완벽하게 알아듣는 데는 어려움이 있었지만, 설교자가 자신의 메시지에 감동받아 어떤 부분에서는 눈이 촉촉하게 젖는 모습을 봤다."

주 설교 시간이 지나면, 다른 목사가 자신들이 이끄는 바에 따라 추가하거나 수정하기도 한다. 예배는 대부분 딱딱한 형식의 신학적 접근을 피하고 매우 실용적인 접근 방법으로 복종, 겸손, 믿음, 공동체 그리고 단순함에 대해 집중한다. 교회 예배가 끝난 뒤에는 모두 간단하게 먹을 수 있는 식사가 준비되는 경우도 있다. 식사를 할 때는 예배에서 의자로 사용했던 나무 벤치를 쌓아 올려 테이블로 사용한다.

교회 예식이 격주 일요일에 열리기 때문에, 아미쉬는 예배가 열리지 않는 다른 주 일요일에는 가족과 함께 여유로운 시간을 보내거나 다른 이들과 함께 모여 킹 제임스 성경을 읽는 비공식적인 모임에 참여한다. 또 같은 분파에 속한 다른 교구의 예배에 참석하러 가기도 한다. 가축을 돌보고 먹이를 주는 것처럼 절대적으로 필요한 경우를 제외하고, 주일에는 어떤 일도 해서는 안 된다.

친교의 날

아미쉬는 1년에 두 번, 그러니까 봄과 가을에 특별한 친교의 날을 열어 세족식을 한다. 이 행사는 협의회에 앞서 열리는데, 자선 바자회와 더불어 8시간이나 걸린다!

○ 생각해 봅시다(Think about it)

아미쉬 구파(Old Order Amish)는 교회의 공식적인 신학 가르침에 대해 교회와 가정 그리고 학교에서는 거의 논의하지 않는다. 주일학교나 교리 공부가 따로 없고, 어린이 프로그램도 없고, 청년 대회도 없다. 공식적인 종교교육은 오직 세례식 전에만 이루어진다. 종교적 이론으로 무장하는 대신 그들은 복종, 분리, 단순함과 같은 그들의 반복적인 삶을 통해 믿음의 행동을 강조하고 있다. "복종을 먼저 배운다면, 다른 모든 것이 따라올 것이다."라는 아미쉬의 속담처럼 말이다.

09. 규칙(Rules)

아미쉬는 한계를 설정하고 그것을 지키는 것이 그리스도답게 사는 것이고, 지혜 그리고 삶을 성취하는 핵심 요소라고 믿는다. 그들에게 규정은 정체성을 형성하고, 공동체를 만들고, 유혹에 빠지지 않게 도와주고, 소속감을 제공해 주는 것이다. 규칙이 없으면 교만이나 불행, 위험, 존엄성의 상실을 거쳐 궁극적으로 자기 파괴에 빠지게 될 것이라고 그들은 생각한다.

아미쉬의 제한은 오르드눙(Ordnung, 법규 혹은 규칙)으로 표현되는데, 이는 아미쉬의 일상생활을 좌우하는 명문화되지 않은 규칙과 제한이다. 오르드눙은 의복과 교통수단, 기술, 교육 등 매우 광범위하고 또 다양한 주제를 다룬다.

오르드눙에 나온 규칙들은 소속 분파마다 매우 다양하고, 또 같은 소속 분파 내에서도 교구마다 무척 다르기도 하다. 교구가 팽창해 두 개의 교구로 나뉘고, 새로운 기술이나 논쟁거리가 제기되면 오르드눙 역시 필연적으로 변화하고 또 받아들여진다. 사소한 규정들은 교회 지도자들에 의해 필요할 때마다 갱신되지만, 중요한 결정들은 반드시 신자들이 참석한 가운데 내려지며 또 회의를 열어 토론을 거치기도 한다.

얼마나 다양한 문제가 심도 있게 논의되느냐와 관계없이 논쟁거리들은 1년에 두 번 있는 성찬식 전의 위원회의에 상정된다. 규정에 대해 그 위원회의 구성원 모두 별 탈 없이 동의하면, 그들은 처음 세례를 받을 때 오르드눙을 따르기로 했던 서약을 갱신한다. 이런 방식으로 그들은 공동체 안에서 하나 된 사람들로 유지될 수 있다.

○ 생각해 봅시다(Think about it)

구전의 전통을 따라가 보면 오르드눙은 필요에 의해 새로운 기술에 대해 제기되는 모든 새로운 문제에 대응해 변화하고 또 진화한다. 그러면서 그와 동시에 자신들의 입장도 고려해야 한다. 어떤 것을 따라야 한다고 결정하는 데 있어 교회 지도자들은 다음과 같은 핵심 질문에 집중한다.

° 이 결정이 우리와 바깥세상을 더욱 굳건히 연결할 수 있는 것인가?

° 우리 가족을 분열할 것인가?

° 우리를 가정으로부터 너무 멀리 떼어 놓을 것인가?

예를 들어, 아미쉬 구파(Old Order Amish) 공동체의 몇몇 구성원들은 자전거를 소유하고 있지 않다. 어떤 한 명이 자전거를 갖게 되면 그(그녀)는 가족과 가정으로부터 너무 멀리 떠나거나 외부 세상을 너무 많이 탐험하게 된다. 그러므로 새로운 기술의 도입은 이처럼 '만약 ~라면?'과 같은 각도에서 살펴봐야 한다. 그 후 교구에서 결정을 내린 뒤 오르드눙의 일부분이 되어 간다.

○ 그들의 말로는(In Their Own Words)
"때로는 우리도 다른 방식에 합의한다. 눈살을 덜 찌푸리게 하는 것들, 예를 들어 담배를 피우거나 장식품을 매달아 놓는 것 같은 일 말이다. 말하자면, 이런 일들은 공동체의 조화라는 측면에서 '참아 줄' 정도는 된다."

10. 규율(Discipline)

아미쉬 신앙으로 세례를 받는 것은 광범위하고 대단한 헌신을 하겠다고 스스로 약속하는 어른스러운 행동이다. 세례식에서, 후보자들은 평생을 신과 교회에 복종하기로 맹세한다. 이것이 바로 그들을 오르드눙의 규칙 아래 단단히 묶어 주는 봉헌의 행위다. 한 번 헌신하기로 했으면, 위반 행위가 금기된 기술을 이용하는 것처럼 사소한 일 혹은 간통처럼 중대하더라도 어떤 규칙의 위반도 교회의 규율 아래 처벌받게 된다.

규율의 절차는 조심스럽고 천천히 시작된다. 대개 회개 시킬 목적으로 협의를 거쳐 교회의 원로로부터 문책을 받기 시작한다. 만약 불복종한 구성원이 위반 행위를 그만둔 후 인정하고 또 뉘우치면, 모든 일을 용서받고 여전히 좋은 상태에 머물며 공동체 구성원들과 더불어 지낼 수 있다. 그러나 그가 잘못을 계속하거나 나쁜 짓은 그만뒀지만 회개하지 않는다면, 그는 한시적으로 근신 기간을 거쳐야 한다.

근신 기간에는 자신의 오점을 볼 수 있도록 도와주는 시도가 반복적으로 이어진다. 원로와 친구들 그리고 가족들이 그와 면담하고, 그를 위해 기도하고 세례를 받을 때 맹세한 것처럼 교회의 권위에 복종하는 삶을 살지 않았음을 상기시킨다. 협의를 위한 많은 노력이 이어지며, 대개 이런 시도들은 효과가 있어서 완고한 마음을 지닌 사람조차 고백하고 회개하게 만들고는 한다.

그러나 이런 방식이 통하지 않으면 좀 더 엄격한 단계에 들어간다. 주교가 제명을 권고하면 구성원들이 투표에 들어간다. 투표를 통해 안이 통과되면 그 사람은 제명된다. 대부분의 교구에서, 아미쉬어로 마이둥(Meidung, 기피 또는 파문)이라고 불리는 기피에 이어 제명의 절차가 있는데, 교구에 따라 기피의 엄격한 정도는 매우 다양하다.

○ **그들의 말로는(In Their Own Words)**
   "기피는 대단한 반항을 하거나 더 이상 할 수 있는 조치가
   남아 있지 않을 때 내려진다. 죄인이 회개하면 관계는 복원
   되고, 과거의 일은 그저 과거로 남겨 두게 된다."

아미쉬 생활 가운데 가장 잘 알려진 것 중 하나가 바로 이 기피의 관행이다. 그러나 불행히도 가장 잘못 알려진 관습이기도 하다. 외부인들에게는 무척 잔인해 보이는 이 기피는, 아미쉬인들에게는 성경에 기반을 둔 사랑의 표현으로 여겨지며, 죄인에 한해서만 행해진다. 아미쉬는 기피에 대한 몇 가지 핵심 요인을 강조한다.

° 아마쉬 교회의 교인으로 세례를 받지 않은 사람은
  제명이나 기피의 대상이 되지 않는다.(더 자세한 내
  용은 20장과 21장의 '탐색 기간' 과 '세례' 를 참고)

° 세례와 그에 따르는 오르드눙을 지키고 교회의 권위
  에 복종하겠다는 서약은 아이가 아닌 성인으로, 협
  박에 의해서가 아닌 자발적으로 이루어지는 약속이
  다. 이와 같이, 후보자는 세례를 받은 첫날부터 오
  르드눙을 위반할 경우 추후 규율에 처해짐을 받아들
  인다.

° 어떤 이들이 기피에 처해질 때, 그들이 고백하고 회
  개한다면 돌아올 기회는 항상 열려 있다.

° 기피에 처해졌던 사람이 공동체로 돌아와 깊이 뉘우
  치는 마음으로 고백하면 모든 것이 용서되고, 관계
  가 복원된다. 앞서 아미쉬인의 말처럼 "과거는 과거
  로 남을 뿐"이다.

기피에 처해지는 사람이나 이를 명령하는 사람 모두 기
피는 고통의 과정이다. 가장 가까운 가족이라면 특히 더 그
렇다. 가장 엄격한 형태인 스트렝 마이둥(Streng Meidung)
이라고 불리는 과정에는, 기피의 대상자는 안정된 상태에
있는 공동체의 구성원들과는 같은 식탁에서 식사할 수도
없을 뿐만 아니라 그들로부터 선물이나 호의를 받을 수도,

비즈니스 거래를 할 수도 없다.

부부 중 한 명이 기피되면, 안정된 상태의 배우자와는 같은 침대에서 자는 것은 물론 부부관계조차 할 수 없다. 대화는 가끔씩 허용되지만, 이 '금지된' 사람과 공동체의 나머지 사람들 사이에는 엄격한 선이 존재한다.

기피 대상이 되었다가 결국 교회를 떠난 이들은 이런 경험을 말로 표현할 수 없을 정도로 고통스럽다고 회고한다. 비록 기피되었다가 결국 회개하고 그들 무리로 돌아간 사람들은, 어려운 경험이었지만 결과적으로 자신들을 그리스도와 교회에 더욱 가까이 이끌어 놓은 결과를 가져왔다며 그 경험에 대해 감사하게 생각한다.

이 주제에 대해 어떻게 느끼는지와 관계없이, 기피는 회개라는 결과를 가져오는 무척 효과적인 방법이라는 사실임에 틀림없다. 또한 공동체의 구성원들은 규율을 지키지 않는 구성원들로부터 떨어져 있을 자유가 있다.

사도 바오로는 고린도 전서 5장 11절에서 13절까지의 말씀을 통해 고린도의 기독교인들에게, "여러분 가운데 악한 사람을 추방하시오." 라고 강력히 권고하고 있다. 웨스너가 말했듯, 기피는 "공동체 차원의 엄격한 사랑"의 방식이다.

○ 동전의 양면(The Flip Side)

　장점 | 한 번 고백하고 용서를 받으면, 그 문제는 잊은 것으

로 간주된다. 이렇게 백지를 만들어 주는 새로운 시작은 모든 이에게, 문제가 해결된 이후 앞으로 나아갈 수 있는 최선의 방법이다.

단점 | 많은 아미쉬인이 회개의 원리에 대해서는 다소 고지식할 정도로 엄격하다. 심각한 신성모독도 용서하고 잊는다는 정신은 적용된다. 그러나 법적인 안전장치가 없다는 것은, 가장 진실하게 고백하는 사람도 상습범으로 만들 수 있다는 위험성을 내포하고 있다. 미국 아미쉬 역사에서 가장 큰 성폭행 사건의 희생자였던 아미쉬 소녀인 메리 바일러의 사례가 바로 그런 경우다. 성폭행범은 여러 번 자백하고 회개했지만, 곧바로 또 잔인무도하게 같은 범죄를 저질렀다.

또한 아미쉬 사회에서 더 자주 발생하는 일은 아니지만, (아동) 학대와 같은 일이 있다면 용서하고 잊어 주는 아미쉬의 방식이 지속적으로 재발할 수 있는 환경을 만드는 셈이다.

11. 역사(History)

　아미쉬의 믿음의 뿌리는 16세기 초반의 프로테스탄트 개혁으로 거슬러 올라간다. 재세례파 운동은 스위스에서 유아세례 의식에 교회와 주정부의 깊은 개입 등 교회의 당연한 관행들에 의문을 제기한 소규모의 기독교인들로부터 시작됐다. 그들은 신앙을 이해하고 동의할 수 없는 아이들이 아닌 자발적으로 그리스도를 따르기 위한 의식 있는 결단을 내릴 수 있는 성인들에게만 세례가 행해져야 한다고 생각했다. 그들은 스위스 정부와 관련된 재정이나 규제를 거래하는 것에 대해서도 반대했다.

　1525년, 취리히 시의회가 그들의 자녀들에게 세례를 하라는 명령을 내리자 위기 상황에 부딪혔다. 이에 대응하기 위해 이 모임의 남자들은 서로 세례를 해주기 시작했다. 그들은 이미 영아일 때 세례를 받은 바가 있으므로 또다시 세례를 받았다는 의미에서 '재세례파'라고 불리게 되었다. 그들은 급진적 개혁을 위한 첫 번째 교회를 형성하고, 수많은 체포와 정부의 방해 공작 속에서도 전도하기 시작했다. 시청 공무원과 종교 지도자들은 이런 재세례파들의 저항에 대해 격노했고, 종교는 정부로부터 자율적이어야 한다는 원칙은 지켜지지 않았다.

재세례파 운동은 힘을 얻어 몇 년 내 매우 **빠르게** 퍼져
나가 취리히 시의회는 성인에 대한 세례를 사형에 처할 수
있는 중범죄로 규정하는 칙령을 통과시켰다.

1527년 1월 5일, 재세례파 전도사인 펠릭스 맨즈(Felix
Manz)가 처형되면서 처음으로 순교한 스위스의 재세례파
가 된다. 재세례파에서 믿음의 또 다른 영웅은 가톨릭 프란
치스코회 신부였다가 가톨릭을 떠나 1536년 재세례파가 된
메노 시몬스(Menno Simons)다. 시몬스는 현명하고 영향력
있는 지도자였기 때문에 그의 추종자들은 그의 이름을 따
'메노나이트'로 불렸다.

1550년과 1625년 사이에 2,500명이 넘는 재세례파가 자
신들의 믿음 때문에 공포에 시달리고 또 고통스러운 방식
으로 죽임을 당했다. 이에 대한 대응으로 그들은 시골 지역
의 지하로 숨어들어야만 했고, 종교 모임 역시 집이나 헛간
그리고 보트 혹은 다른 사적인 장소에서 열어야 했다. 몇몇
메노나이트는 박해와 의무 복무를 피하기 위해 프랑스의
알자스 지방으로 이주하기도 했다.

1693년, 이주민들 가운데 하나인 메노나이트 교회의 지
도자인 야코프 암만은 다음과 같은 메노나이트 믿음의 변
화를 제안했다.

° 성찬식은 1년에 두 번 열려야 하며, 세족례를 포함

해야 한다.

° 교리적 순수함과 영적인 규율을 지키기 위해, 신자들의 규율이 엄격해야 한다.

° 제명된 구성원들은 기피되어야 한다.

암만의 믿음과 관행들은 결과적으로 메노나이트를 분열시켜, 암만을 따르는 사람들은 그의 이름을 따 '아미쉬'로 불리게 되었다.

미국으로

초기에 미국으로 옮긴 아미쉬 정착민들은 1730년대 펜실베이니아 주의 벅스 카운티에서 또 다른 삶을 시작했다. 1737년, 차밍 낸시 호는 스물 한 가족의 아미쉬를 태우고 미국에 도착했다. 시간이 지남에 따라 더 많은 아미쉬가 1700년대 중반에서 후반까지 줄지어 들어왔다. 현재 랭커스터 카운티에 아미쉬 정착촌이 형성됐다.

아미쉬의 두 번째 이주는 1815년에 일어났다. 약 3,000명의 성인들이 북미 지역으로 몰려왔다. 비록 많은 이민자가 처음에는 펜실베이니아 주로 왔지만, 이후 대부분 오하이오, 일리노이, 인디애나, 아이오와, 뉴욕, 온타리오 등 다른 주로 이주해 갔다. 1800년대 중반, 아미쉬 정착민들은 전국으로 뿔뿔이 흩어진 터라 아미쉬 지도자들은 다양한 아미쉬 규정에 대한 논쟁을 하며 합의와 해결책을 찾기 위해 노력해야 했다.

초기의 문제 해결을 위한 노력에도 불구하고 아미쉬 교회 내에서는 수년간의 내부 불화와 함께 분파가 생겼다. 난국에서 협상 불가능한 점을 찾은 공동체들은 이내 찢겨 나가 새로운 분파를 형성했던 것이다. 아미쉬 구파(Old Order Amish)는 이런 방식으로 1865년에 생겨났으며, 이후 피치 아미쉬(Peachy Amish, 훗날 비치 아미쉬 Beachy Amish) 같은 몇몇 공동체들이 1909년에 새롭게 형성됐다.

1920년대부터 1970년대 초반까지, 주로 양심적 병역거부와 교육 문제를 두고 미국 정부에 대한 아미쉬의 투쟁이 있었다.

19장의 '학교' 편에는 위스콘신 대 요더(Wisconsin V. Yoder)에 대한 자세한 내용이 설명되어 있다. 이는 1972년 종교의 자유 권리에 입각한 아미쉬 공동체의 교육적 여지를 허용한 미국 대법원의 기념비적인 판결이다.

변화하는 인식

이와 같은 대법원의 결정 후 몇 년 동안 아미쉬에 대한 새로운 태도가 생겨났다. 의심 어린 눈길은 동정심이나 호기심으로 바뀌었고, 특히 시간이 지날수록 세계대전에 대한 미국인의 아픈 기억들이 아미쉬의 양심적 병역거부에 대한 입장을 '있는 그대로' 인정하게 되었다. '다양성'과 '관용'이 미국의 인기어가 됨에 따라 아미쉬에 대한 수용적인 입장도 더욱 증가하게 된 것이다.

아미쉬에 대한 뻔뻔스런 박해와 추방의 나날은 이미 지나갔지만, 이제 시계의 추가 반대쪽 극단을 향해 치달으면서 아미쉬는 새로운 문제점들에 맞닥뜨리고 있다. 아미쉬에 대한 폭넓은 수용과 호기심 때문에 관광산업의 모든 부분이 개발되었고, 이에 인구과잉이나 침입 같은 문제가 발생했으며, 부동산 가격이 치솟는 바람에 노골적인 개발까지 이루어지고 있다.

더 자세한 정보는 24장 '관광과 미디어'에서 찾아볼 수 있다.

○ 웹사이트를 찾아 주세요(Website extra)

www.morefrommindy.com을 방문하면 아미쉬 삶에 대한 현대의 인식이 몇 세기 동안 어떻게 변화해 왔는지에 대한 추가 정보를 얻을 수 있다.

12. 팽창(Expansion)

최근 자료에 의하면, 아미쉬 인구는 20년마다 두 배로 늘어나고 있다. 이와 같은 확산은 두 가지 이유 때문이다.

- 출생률 | 아미쉬 가정은 평균적으로 7명의 아이를 낳는다.
- 유지율 | 85%에 이르는 아미쉬 아이들이 성인이 되었을 때 교회에 합류한다.

아미쉬는 미래에도 널리 퍼질 것으로 보이며, 대부분의 전문가들은 이런 아미쉬의 성장률이 좀처럼 줄어들 기미를 발견하지 못하고 있다.

먼 길을 나서며

수많은 아미쉬인은 이미 설립된 공동체를 떠나 새롭게 운영할 만한 농장을 찾아 나서고는 한다. 특히 가족 농장이 나뉘고 또 나뉘어 더 이상 나뉠 수 없을 정도의 한계에 도달한 랭커스터 카운티의 경우에서 이와 같은 현상은 더 두드러지게 나타난다. 땅값이 너무 높이 치솟아 젊은 농부들이 넓은 교구를 사들일 능력이 없는 경우도 마찬가지다.

어떤 아미쉬 가족들은 다음과 같은 이유로 인구밀도가 가장 높은 지역을 떠난다.

° 과도한 관광
° 교구와 지방자치의 문제
° 좋지 못한 경제 상황과 노동시장의 변화
° 교회 소속 분파와의 불일치

새로운 정착지를 결정할 때 아미쉬는 이런 기준을 고려한다.

° 저렴한 땅값
° 비옥한 토양과 농사에 적합한 기후
° 작업의 기회
° 가족이나 다른 아미쉬와의 근접성
° 같은 소속 분파 내의 다른 유사한 교구와의 접근성
° 이웃의 아미쉬와 그들의 방식에 대한 이해

이주하는 아미쉬는 이미 형성된 정착지에 합류할 수도 있고, 전혀 기반이 없는 새로운 곳에 터전을 마련하기도 한다.

○ 생각해 봅시다(Think About It)

아미쉬는 자신들의 신앙으로 개종하는 것을 허용한다. 외부인이 아미쉬로 성공적인 개종을 하는 것은 극히 드문 경우지만 말이다.

처음에는 아미쉬 생활의 어려운 점에 대해 고민할 것이다. 고된 농업과 기술의 부족으로 인해 검소하게 생활해야만 하는 환경은 상대적으로 부유한 현대 문명 속에서 자란 사람들에게는 놀랍도록 어려운 결단이다. 아미쉬가 된다는 것은 컴퓨터, 전화, 전기 등을 포기하는 것뿐만 아니라 난방부터 아이 교육, 저녁 요리 방식 등 자신의 삶의 방식을 거의 전부 바꾸는 것을 의미한다. 따라서 적응하는 과정은 매우 힘들 것이다.

그러나 이런 물리적인 어려움은 어찌 보면, 개종의 가장 쉬운 부분일지도 모른다. 훨씬 더 어려운 과정이 사고의 틀을 바꾸는 내부 개종의 과정이다. 바로 아미쉬를 정신적으로 받아들이는 것이다. 아주 어렸을 때부터 아미쉬는 지속적으로 자아를 죽이고, 자만심을 버리고, 개인적 욕심을 버린 후 대의를 위해 헌신하도록 교육을 받는다. 그들의 삶에 대한 목적은 오직 하나님 혹은 교회 지도자들과 더불어 서로 끊임없는 복종과 순종을 하는 것이다.

이 탈근대(postmodern) 세계에 살고 있는 보통의 인간이라면, 대의를 위해 개인의 정체성을 희생한다는 생각은 매우 낯설게 느껴진다. 어릴 때부터 우리는 군중 속에서 성취하며 두각을 나타내도록 교육을 받으며 자랐다. 학교에서는 개별성과 창조성 그리고 개인의 자유가 최고라고 교육을 받았다. 아미쉬의 사고방식에서 이런 가치를 피하는 것은 무척 어려운 일이다. 그렇기 때문에 아미쉬 문화 속에서 자라지 않은 사람들에게 그들의 가치관은 거의 받아들이기 어려울 것으로 보인다.

PART 2
생활양식(Lifestyle)

　나는 탁자에 놓인 접시에 쌓여 있는 음식의 어마어마한 양에 깜짝 놀랐다. 사우어크라우트와 돼지고기, 홈메이드 빵, 버터로 향을 낸 국수, 가족들이 직접 기르고 저장해 놓았을 다양한 야채들……. 조용히 기도를 마치고, 각자 음식을 풍성히 담았다. 심지어 여성들조차 빵에 버터를 듬뿍 발랐다.

　식사 시간은 무척 유쾌하게 흘러가 나 또한 그들 사이에 들어가 음식을 남김없이 풍성하게 먹었다. 아미쉬 부엌에서의 부드러운 농담, 예의 바른 아이들, 남편과 아내의 달콤한 속삭임을 어떻게 잊을 수 있을까?

_민디 스탄스 클락,
랭커스터 카운티의 그림자 中

13. 의복과 꾸밈(Clothing and Grooming)

아미쉬는 자신들의 외양에 대한 규정이 확립되었다. 교구와 소속 분파에 따라 구체적인 사항은 다르지만, 거의 모든 곳이 머리를 덮는 모자와 머리 모양, 남성의 면도 방식, 남녀를 불문한 의복과 신발에 대한 규정이 있다. 기혼자와 미혼자 사이의 의복과 면도 방식에도 차이가 난다.

의복에 대한 엄격한 규정이 있다는 것은 이들이 권위에 복종한다는 것을 보여 준다. 또한 집단의 정체성을 시각적으로 드러낸다. 아미쉬의 가치와 생활양식에 대해 아무것도 알지 못하는 외부인들조차 그들의 옷 입은 방식을 보고 아미쉬를 쉽게 알아본다.

기독교인의 삶

아미쉬는 의복을 통해 그리스도를 따르는 삶을 살아야 함을 강조한다.

° 겸손함 | 비슷하게 옷을 입는 것은 자만심에 빠지지 않게 해 준다.
° 순종 | 교구의 의복 규정을 지키는 것은 하나님, 소속된 집단, 역사에 복종하는 것이다.

° **자아의 부정 |** 모두 비슷하게 입음으로써 개인주의
　와 자만심을 예방할 수 있다.
° **단순함 |** 옷을 고르는 데 드는 시간과 노력을 줄여
　준다.
° **겸손 |** 정해진 스타일은 예의범절을 보장해 준다.
° **근검절약 |** 제한된 소재와 패턴으로 옷을 만들면 장
　신구와 옷에 각종 장식품을 덜 다는 것처럼 돈이 절
　약된다.

지침

　교구마다 구체적인 사항은 다르지만, 아미쉬 의복은 대개
검소하고 헐렁한 루즈핏이며 또 미리 정해진 스타일과 색상
을 따른다. 주중에 입는 옷과 주말이 되어 교회에 갈 때 입
는 옷은 다소 다르다. 몇몇 교구에서는 군복과 너무 비슷하
다는 이유로 단추나 옷깃, 소매를 사용하지 못하도록 한다.

　모자는 남자와 여자는 물론 십대 청소년에 이르기까지
매일 써야 한다. 어린이들은 교회와 학교에서만 모자를 쓰
고, 교구의 규정에 따라 격식을 차리지 않아도 되는 자리에
서는 쓰지 않아도 된다.

　많은 아미쉬는 나이에 상관없이 맨발로 다니는 것을 즐
긴다. 신발을 신을 경우 끈으로 묶는 굽이 낮은 신발이나
슬립온, 스니커를 신는다. 교구마다 약간씩 규정이 다르긴

하지만 대부분의 경우 어두운 색이다.

고린도전서 11장 2절에서 16절까지의 내용에 따라 아미쉬 여인들은 머리를 자르지 않고 기른다. 그들은 여인의 머리카락은 그녀의 찬란한 아름다움이며, 남편과만 사적으로 공유할 수 있는 특별한 것으로 생각한다. 또 아미쉬 여성들은 머리를 중간 길이로 기른 뒤 뒤로 바짝 당겨 묶어 망에 넣고 그 위에 머릿수건을 덮는다. 머릿수건의 크기는 덜 보수적인 교구일수록 더 작다.

남성

일상에서 아미쉬 남성들은 통이 넓은 어두운 바지를 멜빵과 함께 입는다. 근검절약의 표시로 멜빵 역시 헐렁하게 매야 하며, 겸손의 표시로 벨트의 잠금 장치를 하지 않는다.

셔츠 역시 제한된 색상만 입을 수 있으며, 아미쉬 구파(Old Order Amish)나 다른 보수적인 집단에서는 줄무늬 모양이나 격자무늬조차 허용하지 않는다. 하지만, 조금 덜 보수적인 구역에서는 허락되기도 한다. 허용된 셔츠 색상 중 가장 흔한 색은 자연에서 찾을 수 있는 색상인 푸른색, 녹색, 갈색, 벽돌색 등이다.

한편, 남성들은 일할 때 밀짚모자를 쓴다. 모자 테두리의 길이나 모자의 높이는 교구의 규정에 따른다. 또 일요일에는 검은색 정장과 구두, 흰 셔츠와 함께 검은색 양털로 된

모자를 쓴다. 정장은 통이 넓은 바지와 멜빵, 후크로 여미는 조끼, 그리고 코트로 이루어진다. 교구에 따라 다르지만 어떤 단추나 깃도 없다. 이렇게 차려입지 않을 때, 검은색 모자는 그에 딱 맞는 모자 보관함에 넣어 둔다.

남성이 결혼을 하면 자신의 턱수염을 더 이상 깎지 않고 콧수염만 깎게 된다. 단추나 옷깃과 같이 콧수염은 군인과 연관된 것으로 여겨 금지한다. 보통 턱수염은 깎지도 않고 다듬어서도 안 된다. 머리카락은 정해진 스타일로 자르는데, 대개 목 뒷부분의 옷깃보다 길지 않게 다듬는다.

여성

일상생활이나 교회에 갈 때 여성들은 종아리에서 발목 길이의 편안한 의복을 입는다. 공동체는 획일적인 스타일을 정해 놓고, 색상 역시 자연에서 볼 수 있는 가장 흔한 색을 선택한다. 이런 긴 치마와 함께 검은색 앞치마와 망토를 함께 입는다. 망토는 다양한 소재로 만드는데, 앞쪽을 가로질러 뒤쪽에 포인트를 준다. 망토를 허리 부분에 고정시키기 위해 단추를 대신해 일자 모양의 핀이 사용된다.

여성들 역시 머릿수건(캡Kapp이라고 불린다)을 쓴다. 교구나 결혼 여부에 따라 다르긴 하지만, 이런 머릿수건은 흰색이나 검은색이다. 머릿수건은 대부분 귀를 가리고, 끈이 달려 있어 묶거나 혹은 교구 규정에 따라 묶지 않을 수 있다. 겨울에는 허용된 디자인으로 만든 따뜻한 소재의 모자를 머릿수건 위에 쓴다.

아미쉬 여성들은 집에서는 맨발로 다닌다. 신발을 신을 때는 어두운 색 스티커나 끈을 묶는 신발 혹은 슬립온(규정에 따라) 그리고 어두운 색 스타킹을 신는다.

아미쉬 여성들은 자신의 가족을 위해 직접 바느질을 한다. 교구는 대부분 색상에만 제한을 둘 뿐 현대의 합성섬유를 허용해 준다. 소녀들은 자라면서 바느질하는 방법을 배우며, 십대가 되면 바느질에 능숙해져 온 집안의 옷을 거뜬히 만들 정도가 된다.

장신구나 얼굴 화장은 허용되지 않는다.

어린이들

학교에 가거나 혹은 놀거나 일할 때 남자아이들은 통 넓은 바지와 멜빵 그리고 제한된 색상의 셔츠를 입고 모자를 쓴다. 교회에 갈 때, 그들은 어른들과 비슷한 스타일로 검은색 펠트 모자까지 맞춰 쓴다.

소녀들은 허용된 단색의 윗옷을 입고 다닌다. 그리고 헐렁한 검은색 또는 흰색 앞치마를 두른다.

옷장

많은 아미쉬 가정에서, 의복은 벽 안쪽에 있는 옷장 안의 고리에 걸어 둔다.

특히 남자아이들은 배변 훈련이 될 때까지 한 벌 형태의 옷을 입고, 어느 시점에 이르러 기저귀를 '졸업' 하게 되면 형들처럼 바지와 셔츠를 입기 시작한다.

○ 쉽게 푸는 가치(takeaway value)

우리 가운데 누구도 아미쉬처럼 엄격하게 의복 제한을 두지 않지만, 아미쉬 의복의 단순함에 대해서는 고려해 볼 만하다. 우리가 옷을 입는 데 들이는 시간의 양을 생각해 보라. 쇼핑을 나가 옷을 고르고 또 서로 어울리는지 맞추어 보고, 세탁하고, 보관하고, 적절한 액세서리와 신발을 찾는 일이 얼마나 불편한지! 그리고 또 한 번 상상해 보라. 잠자리에서 일어나 허용된 세 가지 색상으로 만든 정해진 일련의 옷이 걸려 있는 심플한 옷장을 마주하는 것을……. 오랜 시간 동안 나는 이런 단순한 옷장을 가졌으면 하고 꿈꿔 왔다. 나는 내 소중한 시간을 좀 더 중요한 문제에 사용하고 싶다!

○ 그들의 말로는(In Their Own Words)

"(내 큰형이 몇 주 안에 결혼하려 하고) 난 형의 턱수염이 얼마나 빨리 자라는지 보고 싶어 안달이 났다. 꽤 빨리 자랄 것 같은데, 우리 누나의 남편(매형)은 정말 아니다. 결혼

한 지 거의 일 년이나 되었는데, 아직 지저분하게 몇 개밖
에 자라지 않았다."

14. 언어(Language)

아미쉬 생활에는 세 가지 언어가 사용된다. 펜실베이니아 독일어, 영어 그리고 고지독일어(High German, 현재의 독일 표준어_역주)가 그것이다.

펜실베이니아 독일어는 아미쉬의 가정에서 사용하며 또 교회의 설교 혹은 다른 아미쉬와 대화를 나눌 때 사용하는 주요 언어다. 다른 종교 집단들도 과거에는 이 독일어에서 유래된 미국의 언어를 사용했지만, 아미쉬와 메노나이트 구파(Old Order)만이 오늘날까지 이 언어를 유지하고 있다.

이 언어는 루터로 인한 독일 종교개혁으로 말미암아 1700년대에 이르러 종교의 자유를 찾아 독일에서 미국으로 건너올 당시, 주로 건너온 팔라틴 지방의 방언을 기반으로 삼고 있다. 미국에서 한 번, 그들의 방언은 영국의 식민 지배를 받은 다른 방언과 섞이게 된다. 그리고 펜실베이니아 독일어라고 불리는 언어로 진화한다. 오늘날 펜실베이니아 독일어의 문법적 구조는 여전히 팔라틴 지방의 독일어에 기반을 두고 있지만, 5~10%의 용어는 영어로부터 유래되었다.

인디애나 주의 몇몇 아미쉬 공동체는 이 펜실베이니아 독일어 대신 스위스 방언을 자신들의 모국어로 삼기도 한다.

펜실베이니아 독일어에 대한 가장 흔한 오해는 '네덜란드
어'의 일종이라는 것이다. 하지만 사실은 그렇지 않다. 독일
어로 독일을 뜻할 때 '도이치'라는 단어를 사용하며, 이는
'더치(네덜란드인)'와 유사하게 들린다. 일단 말이 그렇게
굳어지면서 펜실베이니아 독일인, 펜실베이니아 '도이치'로
사용된다. 즉, 펜실베이니아 '더치'로 불리게 된 것뿐이다.

영어는 상업과 문학 그리고 외부와의 교류에서 사용되는
언어다.

아미쉬는 물론 아미쉬인이 아닌 영어에 능숙한 친구들과
이야기하거나 공동체 외부 사람들과 사업상 거래할 때 즉,
아미쉬가 아닌 상황에서 일할 때 영어를 사용한다. 아미쉬
는 학교에서 영어를 읽고 쓰고 말하는 방법을 배우며, 평생
주 언어로 사용하게 된다.

아미쉬는 특별한 억양 없이 영어를 구사하는 편이지만,
외부인과 자주 접촉하지 않는 사람들은 숨길 수 없는 특징
을 드러내기도 한다. 아미쉬의 독특한 말씨에서 비롯된 탓
에 몇몇 단어들은 흔하지 않은 발음을 내기 때문이다. 아미
쉬 영어 속담에 "쿠키는 모두, 우유는 아직(The cookies are
all but the milk is yet)"이라는 말이 있다. 이는 "쿠키는 다
먹었지만, 우유는 아직 조금 남아 있다"는 것을 의미한다.

아미쉬에 관심이 많은 나로서는 아미쉬의 이런 습관이 읽고 쓰는 데 무척 재미있고, 아미쉬에게 강의를 할 때 이런 특수한 단어들을 일부러 넣기도 한다. 그들의 모습이 언론에 비치는 것과 반대로, 아미쉬는 영어를 사용할 때 'thee(you의 고어)' 혹은 'thou(your의 고어)' 와 같은 고풍스런 용어를 사용하지는 않는다.

> ● 생각해 봅시다(Think About It)
> 아미쉬는 대부분 학교에 들어갈 때까지 영어를 배우지 않는다. 이는 영유아기 5~7년 동안 외부의 영향으로부터 보호받을 수 있도록 도와주기 위한 방법이다.

고지독일어는 아미쉬 예배와 성경 등에 사용된다. 하나님과 전통에 대한 존경을 보여 주는 언어인 셈이다. 아미쉬는 대부분 이 언어에 익숙하다. 이는 공식적인 교육을 통해서가 아닌, 수년간 일요 예배에서 노출되고 또 아래와 같은 아미쉬 신앙의 고전들을 읽을 때 나오는 언어가 고지독일어이기 때문이다.

˚ 아미쉬 찬송가는 1564년에 처음 출판되었다. 대부분의 찬송가는 16세기 신앙의 순교자들에 의해 기록되었다. 아마 현존하는 기독교 찬송가 가운데 계

속 사용되고 있는 가장 오래된 책일 것이다.
° 〈진실한 그리스도인의 의무〉는 많은 아미쉬 가정에
  서 사용되는 기도문이다.
° 루터 성경

아미쉬는 그들의 영적인 유산의 중요한 상징으로 고지
독일어의 가치를 높이 평가하고 있다.

15. 기술(Technology)

아미쉬는 그들이 소유하거나 사용할 수 있는 기술적 장치들과 혁신에 대해 매우 까다롭다. 아미쉬의 대부분은 집에서 전기를 사용하지 않는다. 일부 형태의 기술들은 허용되지만 텔레비전과 라디오, 스테레오 오디오, 개인용 컴퓨터는 허용되지 않는다. 아미쉬는 심지어 자동차도 소유하지 않는다.

일반적인 믿음과 반대로, 아미쉬는 기술 그 자체가 악하거나 잘못되었다고 생각하지는 않는다. 하지만 그들은 기술이 검열되지 않은 채 남용된다면, 가정에 적절하지 못한 가치 체계를 가져올 것이라고 생각한다. 궁극적으로는 공동체와 가족을 깨는 방식으로, 아미쉬의 삶의 방식과 전통을 파괴할 것이라고 믿는다.

가치

외부인들에게 아미쉬의 기술 제한은 그들의 규정 가운데서도 가장 헷갈리면서도 때로는 모순적으로 보이는 부분이다.

아미쉬는 다른 사람들이 운전하는 운송 수단에는 탑승하지만, 왜 자동차를 운전하거나 소유하지 않는 걸까? 또 에너지의 다른 수단인 프로판가스나 휘발유는 사용하면서 왜

전기만은 사용하지 않는 걸까? 이뿐만이 아니다. 집에는 전화기를 놓지 않으면서 왜 헛간에는 전화기를 놓는 걸까? 이런 질문들을 이해하기 위해서는 다음과 같은 아미쉬의 가치 체계를 고려해 봐야 한다.

° 겸손 | 매력적인 전자기기들의 부족함은 자만해질 수 있는 기회를 거의 만들지 않는다.

° 순종 | 기술의 규칙을 따르면 하나님과 공동체, 역사에 대한 복종이 뒤로 밀릴 수 있다.

° 공동체 | 편의 시설에서 벗어나 사는 것은 외부 세계에 대한 의존 가능성을 줄여 준다.

° 단순함 | 컴퓨터와 이메일, 다른 형태의 전자 방해가 없는 삶은 좀 더 평화롭다.

° 근검절약 | 이런 저차원적 기술의(low tech) 삶은 과도한 전화 요금, 자동차보험 특약, 케이블 티브이 요금, 인터넷 요금, 음악 다운로드 비용 등을 내지 않아도 됨을 의미한다.

° 가족 | 자동차를 소유하고 운전하는 것은 가족으로부터 너무 멀리 떨어져 배회할 수 있는 유혹의 기회를 너무 많이 제공한다.

모순적으로 보이는 규칙들이 기술의 숙달을 최우선으로

생각하는 것보다는 기술의 노예가 되는 경향과 연관이 있다. 끊임없이 울리는 전화나 가득 찬 이메일에 갇힌 처지가 되었다는 감정을 느껴 본 적이 있는 사람이라면 누구나 이런 방침을 이해할 수 있을 것이다!

기술 평가하기

9장에서 설명했듯이, 어떤 교구로부터 새로운 기술이 들어오기 위해서는 먼저 교회 지도자들이 아미쉬의 삶과 가치에 야기할 해로움의 잠재력을 평가해 해당 기술의 수용 여부를 결정한다. 어떤 기술도 그 기술이 얼마나 많은 일손을 줄여 줄 수 있을지는 크게 상관없이, 오직 영적으로 공동체에 해로운지 아닌지에 따라 지도자들에 의해 허용되는 것이다.

이런 규칙들은 교구마다 매우 다르기 때문에 많은 기술적 도구 가운데 계산기, 전등, 수동 타자기, 가스 그릴, 전기톱, 인라인 스케이트, 그리고 더 많은 것이 아미쉬 가정과 농장에서 허용되기도 한다. 어떤 교구에서는 수동으로 잔디 깎는 기계는 허용되고, 다른 교구에서는 가스로 작동되는 기계를 사용할 수 있으며, 심지어 예초기를 허용하는 교구도 있다.

많은 아미쉬 가정과 농장에서 전기가 아닌 프로판가스나 배터리에 의해 작동하는 제품을 사용하기도 한다. 냉장고, 전구, 상점 물품, 팬, 복사기, 미싱, 화재경보기, 농장

기구, 온수기, 세탁기 등이 그것이다. 트랙터는 굉장히 멀리 떨어진 농장을 오가야 할 때만 사용하는 용도로 허가되기도 한다. 그들은 고무 타이어보다 강철로 된 타이어를 사용한다. 많은 공동체에서 트랙터는 벌판에서 사용하기보다는 헛간 안이나 근처에서 큰 동력이 필요할 때 사용된다. 예를 들어 가축 사료를 저장고 위로 올린다든지, 사료를 갈 때 사용하는 기구나 수압 펌프를 사용한다든지, 액체 상태의 거름을 펌프로 퍼 올릴 때 등이다.

대부분의 경우, 건초를 뭉치는 기계는 말의 힘을 빌려 끌게 하는 경우가 많다.

적용

많은 교구에서 아미쉬는 가정에서 사용되는 기술에 적정한 에너지 공급원을 사용하도록 한다. 다양한 적용의 경우를 보자.

- ° 랜턴과 램프는 등유나 나프타, 휘발유나 프로판가스로 사용한다.
- ° 스토브는 나무, 등유, 액화가스, 프로판가스 등을 이용한다.
- ° 냉장고는 등유나 프로판가스를 사용한다.
- ° 가정용으로 사용하는 작은 기기는 압축된 공기를 사

용한다.
- 배관은 풍력, 물, 가스, 경유, 압축된 공기 혹은 중력을 이용한다.
- 온수기는 나무, 석탄, 등유나 액화가스를 이용한다.
- 가정용 난로는 나무, 프로판가스 혹은 액화천연가스를 사용한다.
- 세탁기는 압축공기 또는 휘발유를 이용한다.

모든 교구가 위에 언급한 모든 종류의 에너지원을 허용하는 것은 아니지만, 아미쉬는 현대적 설비를 사용하지 않는 대신 허용되는 에너지 공급원들로부터 자신들의 삶을 더욱 편리하게 만드는 놀랍도록 독창적인 방법을 발전시켜 왔다.

디지털에 대한 논쟁

아미쉬 생활양식에 대한 가장 커다란 기술적 위협은 일터에서 비롯되고 있다. 점점 더 많은 아미쉬가 농업을 떠나 제조업이나 다른 직업을 선택하면서 컴퓨터와 휴대전화 그리고 인터넷에 노출되고 있다.

더 복잡한 문제는 농장을 포함한 아미쉬가 소유한 사업체들 역시 컴퓨터와 휴대전화의 시대에 동참해야 하는 상황에 처했다는 것이다. 사업의 성공과 실패는 상당 부분 전자기기에 달려 있는 시대가 되었고, 지도자들 역시 심사숙

고하지 않은 채 서둘러 금지령을 내리는 데 주저하고 있다.

바로 이런 경우가 농장에서의 트랙터 사용에 대한 규칙을 두고 일어난 경우다. 1920년대로 거슬러 올라가면, 지도자들은 새로운 기술을 적용한 신형 트랙터와 관련해 엄청난 숙고와 사려 깊은 의사 결정 과정이 필요한 난제에 봉착했던 적이 있다.

불행히도 아미쉬에게는 디지털 기술의 발전이 과거 트랙터의 발전보다 훨씬 더 빠른 속도로 다가오고 있다. 교구들이 다양한 디지털 기술에 대해 엄격하고 단호한 선을 그어 놓았지만, 점점 더 많은 아미쉬가 디지털 기술과 관련한 경험에 노출되고 있다. 휴대전화는 일터에서 생활하는 부모 세대와 아직 세례를 받지 않은 십대 청소년들에게도 공통적으로 적용되는 가장 큰 논쟁거리다. 저녁 식사 자리에서 아미쉬가 휴대전화를 사용하는 모습은 흔하지 않지만, 많은 이가 자신들의 호주머니나 베개 밑에 숨겨 두고 좀 더 사적인 순간에 사용한다.

아미쉬의 어머니 중 한 명은, 십대 자녀들이 집에서 휴대전화를 사용하지만 않으면 그것을 소유하는 데 별 문제가 없다고 말한다. 그러나 그녀는 아이들이 휴대전화를 통해 야기될 인터넷 접속에 대해서는 걱정하는 편이다.

최종적으로 결정이 날 때까지 이런 조용한 침입은 계속될 것 같다. 최근 랭커스터 카운티로 여행을 갔을 때, 나는 멍하니 있다가 갑자기 깨달았다. 자기 집 앞마당의 트램폴린에 앉아 쉬던 아미쉬 청소년들이 여느 미국 청소년들과 다름없이 엄지로 친구들에게 문자를 보내느라 여념이 없는 모습을 본 것이다.

● 매력적인 사실(Fascinating Facts)

아미쉬는 기술에 대한 제한과 상관없이 카메라를 소유하지만 사진을 찍지 않는다. 대신, 아미쉬는 탈출기 20장 4절에 의해 사진 찍는 것이 엄격히 금지되었다고 생각한다. "너희는 하늘 위나 땅 그리고 물 아래의 어떤 것을 형상으로 한 우상을 만들어서는 안 된다."

● 쉽게 푸는 가치(takeaway value)

최근 뉴욕 주의 북부로 휴가를 떠났을 때, 우리 부부는 샴플레인 호수와 가까운 곳에 있는 오두막에서 묵었다. 이곳은 모든 종류의 수상 스포츠, 하이킹, 관광 등의 기회에 둘러싸인 곳이었다. 그곳에 도착했을 때 나는 남편에게, 오두막에 텔레비전이 있어서 참 다행이라고 말하며 또 혹시 몰라 위 핏(Wii Fit)을 가져왔다고 말했다.

"위 핏이라고?"

그는 웃었다.

"우리 나가서 진짜 운동을 하는 게 어때?"

우리가 얼마나 '가짜'로 살고 있는지 종종 잊기 쉽다. 아미쉬의 삶의 방식을 연구하는 것은 우리가 필수 불가결하다고 생각하는 장치나 기기들에 얼마나 둘러싸여 살고 있는지 깨닫게 해 준다.

또한 우리는 기술의 '어두운 면'에 대해서도 명심해야 할 필요가 있다. 휴대전화는 우리를 사무실로부터 떨어져 있기 힘들게 만든다. 십대 청소년들은 선생님의 말씀을 듣는 척하면서 친구와 문자로 대화할 수도 있고, 케이블 티브이는 우리가 방문하지 못했던 넓은 세계를 집에서 볼 수 있도록 도와준다.

내가 위 핏을 집어넣고 호수에 있는 카누의 노를 직접 저은 것처럼, 우리는 모두 멈춰 서서 우리의 기술적 선택을 평가해 보는 것은 어떨까? 각자의 장점과 단점으로 저울질해 보면서 필요성을 재검토하거나 조정하면서 말이다.

평화롭고 또 기술로부터 자유로운 아미쉬의 저녁을 지향함으로써, 우리는 평화를 가져오고 또 우리 자신을 온전히 지킬 수 있을 것이다.

● 그들의 말로는(In their own words)

"집에 전화기가 있으면 어떤 모습일지 상상할 수도 없어요. 헛간에 전화기가 있는데도 우리 집 애들은 친구들이랑 일주일에 두세 번씩 통화를 하거든요!"

16. 교통수단(Transportation)

아미쉬는 아래와 같은 이유로 자동차를 운전하거나 소유하지 않는다.

- 겸손 I 비싸고 멋진 차를 소유할 기회를 차단함으로써 자만에 빠질 위험이 줄어든다.
- 순종 I 교통수단의 법칙을 따르는 것은 하나님과 공동체 그리고 역사에 대한 복종을 보여 준다.
- 공동체 I 여행이 제한되면, 모두 가까이 지내고 또 서로 의지하게 된다.
- 단순함 I 마차를 타는 것은 조용한 사색의 시간을 주고, 삶을 좀 더 느긋하게 만들어 주며, 주위를 둘러볼 시간을 더 많이 제공함으로써 주변의 아름다움을 느끼도록 한다.
- 근검절약 I 차를 소유하지 않는 것은 자동차의 과도한 할부금이나 보험료, 수리비, 유지비, 연료비 등을 들지 않게 해 준다.
- 가족 I 자기 소유의 자동차를 운전하면 집에서 멀리 떠나 서성거릴 수 있어 유혹에 빠질 기회가 너무 많다.

°분리 | 우리 교통수단의 특징적인 형태는 외부 세계
로부터의 차단에 대한 시각적 상징이다.

교통수단의 다른 형태

항공을 이용하는 데에 제한을 두는 곳도 있지만, 대부분
의 교구에서는 공공 교통수단의 이용을 허가한다.

자전거를 허용하는 교파도 있지만, 일부 교파에서는 이
를 금지하기도 한다. 따라서 랭커스터 카운티에 돌아다니
는 가장 흔한 교통수단은 스쿠터다.

많은 아미쉬 공동체에는 '아미쉬 택시'가 있다. 택시는
아미쉬가 아닌 사람들을 운전기사로 고용해 운영되며, 일
터에 가거나 약속 혹은 여행을 갈 때 이용한다. 하지만 아
미쉬 택시는 교회에 갈 경우에는 사용되지 않는다.

농장의 아이들은 조랑말이 끄는 수레에 타는 것을 무척
좋아한다. 이것은 작은 마차처럼 되어 있어 아이들이 아주
어릴 때부터 마차를 모는 법을 배울 수 있으며, 조랑말이
발굽을 장착했다면 도로에 끌고 가서 타기도 한다.

마차의 다양한 유형

아미쉬의 마차에 관한 규정이 너무 다양해서 외부인들
은 혼란에 빠지고는 한다. 이런 규정은 색상(검은색, 회색,
갈색, 흰색 또는 황색)과 관련된 것이거나, 라이트(배터리

에 의해 작동하는지 등유에 의한 것인지), 형식(덮여 있는
지 안 덮여 있는지), 거울, 방향 지시등, 안전표시 등에 관
한 것이다. 마차의 거의 모든 부분이 어떤 방식으로든 교구
에 의해 정해진 규정을 따르고 있다고 생각하면 된다.

상황에 따라 각기 다른 유형의 마차를 타기도 한다. 가장
흔한 유형은 가족의 수레(wagon)인데, 이 수레에는 부모를
위한 자리, 유아들을 위해 창을 낸 뒷자리로 이루어져 있다.

○ 웹사이트를 찾아 주세요(Website extra)

www.morefrommindy.com을 검색하면 아미쉬 마차에 대
한 다양한 유형의 사진을 볼 수 있다.

○ 쉽게 푸는 가치(takeaway value)

아미쉬는 말이나 마차를 이용함으로써 조용하게 사색에 잠
길 수 있는 시간을 준다고 생각한다. 즉, 자신들의 삶의 속
도를 천천히 유지하며, 자신의 주위를 둘러싼 아름다움을
알아챌 수 있도록 시간을 준다는 것이다.

홈스나 랭커스터 카운티의 주요 도로에 비가 내리는 날이라
면, 때때로 인적이 드문 길로 가 보라. 그러면 느린 속도의
마차가 초대하는 환한 햇살, 꽃, 아미쉬 농장의 아름다운 광
경을 볼 수 있을 것이다.

비아미쉬인들은 우리의 자동차 차고를 금세 마구간으로 바

꾸지는 않을 것이다. 그러나 우리는 걷기나 자전거 타기와 같은 더 느린 교통수단이 좋은 운동이 되는 것을 넘어 더 많은 효용을 전해 준다는 점을 생각해 봐야 한다.

집에 있는 차를 잠시 타지 않는 것만으로도 우리는 속도를 늦추고 잠시 멈추어 반추할 수 있고, 자연을 즐김으로써 우리의 마음과 영혼에 좋은 영향을 줄 수 있다. 걷기, 자전거 타기, 골프 카트 타기, 말이나 마차를 타는 등 우리가 선택하는 교통수단의 형태와 상관없이 중요한 것은 아미쉬를 본받아 자동차 없이 한 번 여행을 떠나 보는 일이다.

17. 직업(Occupations)

전통적으로 볼 때, 아미쉬의 주요 직업은 다음과 같은 이유로 농업이었다.

- 재세례파 운동의 초기 시대에 많은 이가 박해를 피해 교외로 흘러들었다. 그들은 농업기술을 배우고, 훗날 미국으로 건너왔다.
- 아미쉬는 성경 말씀에 따라, 농업이 신에게 가까이 다가갈 수 있는 성스러운 생활양식이라고 생각한다.
- 농장은 엄격한 노동 윤리, 인내, 단순함을 통해 아미쉬의 가치가 깊이 배어들게 한다.

랭커스터 카운티의 아미쉬 농장은 평균적으로 70에이커에 달한다. 또 재배하는 작물은 옥수수, 담배, 알팔파 등 다양한 곡물이 있다. 불행히도, 치솟는 땅값 때문에 농장 구하기가 힘들어지면서 많은 아미쉬 젊은이가 농업의 전통을 이어가는 것이 점점 힘들어지고 있다.

최근 아미쉬들은 농장에서 일할 뿐만 아니라 무역, 공장, 레스토랑, 소매 시설 등에서 일하기도 한다. 요즘은 집을 기반으로 사업체를 운영해 성공하는 사례가 기록적으로 늘고 있다. 글린 리프킨은 뉴욕타임스에 이런 기사를 썼다.

아미쉬 고유의 가구 만들기, 퀼트, 건설업과 요리 등
에 관련된 사업은 무척 성공적이다. 비록 고등교육
은 받지 못했지만 수백 명의 아미쉬 기업가들은 고품
질, 신실함, 고된 노동 같은 아미쉬의 가치를 바탕으로
수익성 있는 사업을 이어가고 있다. 2004년 고셴대학
(Goshen College)의 연구에 따르면, 아미쉬 사업의 실패
율은 5%도 채 되지 않는다. 이는 미국의 전국적 소규
모 사업체의 높은 실패율에 비하면 무척 낮은 수치다.

이제 기업가 정신으로 무장한 아미쉬는 생활양식에도 새
로운 방식을 채택하고 있다. 이들은 가족과 집에서 보내는
시간이 적어지고, 심지어 어머니들이 집 밖에서 일하는 것
등 모든 면에서 변화를 맞이하고 있다. 이는 생활양식에 대
한 새로운 도전이라고 할 수 있다. 이러한 도전에 직면한
아미쉬가 농업의 생활양식을 어떻게 유지할 수 있는지, 앞
으로 함께 지켜보자.

○ 그들의 말로는(In their own words)
"우리가 턱수염·마차·머릿수건에 계속 집착하면, 우리는
작은 장신구나 팔 수 있을 뿐이다. 실제 우리는 팥죽 한 그

룻에 장자의 권리를 판 것처럼 우리의 영혼을 팔고 있다. 조금 더 극단적으로 말하자면, 우리가 아미쉬라는 이름을 신성하게 여겨서 거의 사용하지 않는 지경에 이른다면, 우리는 핵심에서 벗어나 목적을 잘못 이해한 것이다. 우리의 삶은 그리스도에게 헌신하고 또 세상을 비추는 데 있기 때문이다."

PART 3
통과의례(Passages)

레스터는 아무 말도 하지 않은 채 눈을 돌려 그들을 바라봤다. 그리고 머리를 깊이 숙였다. 그들 역시 레스터를 따라 했다. 기도를 하는 동안 그는 기억에 의존해 고지독일어로 기도를 마쳤다. "성부와 성자와 성령의 이름으로, 아멘."

레스터가 일어날 때까지 머리를 드는 사람은 없었고, 깊은 침묵만이 그 방을 감싸 흘렀다. 침묵조차 질서 정연했다.

고지독일어를 알아듣지 못하는 어린아이들조차 바로 지금이 영적인 시간이라는 것을 알았다. 이는 하나님의 언어였다. 단어 하나하나에 무게가 실리고 있었다. 교회 예식과 결혼식, 주일 아침의 노래, 그리고 장례식 등 중요한 순간을 위해 사용되는 소리였다. 이 고지독일어가 나는 물론 목사님에 의해 천천히 낭독되거나 혹은 젊은 신자들에 의해 빨리 읽혀질 때, 이것은 바로 하나님이 그들 가까이 와 있다는 것을 의미하는 것이다.

_제리 S. 아이허, 레베카의 약속

18. 유년기, 가족 그리고 노년
(Childhood, Family, and Old Age)

아미쉬의 유년기는 신과 사랑, 작업과 즐거움, 가족 등 이상적인 의미로 가득 차 있다. 현대 미국인의 가족과 달리, 아미쉬는 작업 시간과 놀이 시간을 엄격히 구분하지 않는다. 대신 그들은 놀이와 작업을 결합해 힘든 노동을 만족스런 삶의 양식으로 창조해 낸다. 대가족과 밀접하게 연관된 이런 공동체에서 사람들은 늘 짐을 내려놓고, 배우고 웃는 법을 배우게 된다.

아주 어릴 때부터, 아미쉬 아이들은 열심히 일하는 것이 매우 중요한 미덕이라는 것을 배운다. 식사를 준비하고 요리하는 법, 말을 몰고 마차를 끄는 법, 쟁기질하는 것을 익히도록 교육을 받는다. 어린아이들은 아미쉬 농장에서 노동 윤리와 책임감을 배우기 위해 닭이나 오리, 염소같이 작은 동물들을 맡아 보살피는 임무를 받고는 한다. 또한 기본적인 사업의 원리도 배우는데, 조금 더 나이가 든 아이들은 자신들의 농작물이나 다른 방식의 가정 기반 사업체에서 적은 소득이나마 올리는 데 시간과 노력을 쏟을 수도 있다. 아이들이 무언가를 원할 때, 아미쉬들은 그것을 얻기 위해 일해야 한다는 사실을 가르친다. 아미쉬는 너무 쉽게 얻은 선물은, 아이들로부터 스스로 노력해 얻는 기쁨을 빼앗아 간다고 생각한다.

아미쉬는 육아를 매우 중요하게 여긴다. 그렇기 때문에 아이들을 가르침에 있어서는 물론 좋은 본보기가 되어 그들을 이끌고 그들과 함께 일하는 데 엄청난 시간을 투자한다. 아미쉬의 한 아버지는, "나는 이 일을 얼마든지 빨리 해낼 수 있지만, 그렇게 되면 애들이 어떻게 배울 수 있겠어요?"라고 말하기도 한다. 소년소녀들은 자신의 아버지들과 들판에서 따로 배울 수도 있고, 몇 시간씩 열리는 워크숍에 참여하기도 한다. 소녀들은 어머니와 부엌에서 요리를 하거나 바느질 또는 다른 집안일을 익힌다.

놀랍게도, 아미쉬 가정에서는 종교교육과 신학적 성찰을 거의 하지 않는다. 대신, 부모들은 그들이 '겸손'이라고 부르는 원칙에 따라 조용히 살아가는 것에 집중하며, 자신들의 자녀들도 그와 같이 행동하기를 기대한다. 아이들이 학령기에 이르면, 아이들은 예의 바르게 행동하며 서로 존중하는 법을 배운다. 또 잘난 체하지 않으며, 가족과 공동체의 장소에서 안전하게 지내게 된다.

아미쉬의 아동기는 파스텔 톤 그림엽서에 그려진 것처럼 목가적이지만은 않지만, 최상의 시나리오에 따르면 그와 비슷할 수는 있다. 아미쉬든 아니든, 아이들이 자신의 동물들을 돌보고 서로 밀접하게 연결된 공동체 안에 살면서 사랑하는 가족과 친척들에 둘러싸여 그들과 시간을 보내고 있다. 그 모습을 상상하는 것은 그리 어렵지 않다.

역할

아미쉬의 남편과 아내는 전통적인 가정의 남성과 여성의 역할을 따른다. 남편은 생계를 책임지고, 아내는 가정과 아이들을 돌보는 전형적인 역할 말이다. 어머니들은 꼭 필요한 경우가 아니면 사회생활을 하지 않는다.

노인

부부의 아이가 자라면, 그들은 젊은 세대에게 농장을 물려주고, 그로스다디 하우스(Grossdaddi Haus)라고 부르는 곳에 들어간다. 집의 주요 건물과 연결된 이 작은 집은 '손님용 별채'와 비슷하다. 그곳에서 연로한 부모님들이 여생을 보낸다. 그러면서 도울 일이 있을 때면, 그들의 지혜와 우정을 가족에 나누어 주고, 품위 있고 우아하게 나이를 먹는다. 아미쉬는 대체로 노인을 양로원에 보내지 않는다.

> **○ 동전의 양면(The Flip Side)**
> 장점 | 가족과 농장의 동물에 둘러싸여 있는 아미쉬 아이들은 언제나 동료들과 놀이 친구가 있는 것처럼 보인다. 아이들은 농장 일을 도우면서 책임감과 엄격한 노동 윤리를

배운다.

단점 | 농장의 일은 때때로 아미쉬 아이들을 안전하지 못한 상황으로 이끈다. 예를 들어,

> ⮑ 영아들과 유아들이 자기들을 적절히 돌봐 줄 수 없는 미숙한 친척들에게 맡겨진다. 그들 또한 아직 나이가 너무 어린 탓에 아이들을 돌볼 수 있는 형편이 되지 못하는데도 말이다.

> ⮑ 아이들이 맨발로 지내다 보니, 가끔씩 농장 도구들을 가까이 하는 탓에 위험한 상황에 처하기도 한다.

> ⮑ 아직 6~7세밖에 되지 않은 남자아이들이 혼자 힘으로 수많은 말을 관리해야 한다.

아미쉬 미국 블로그의 운영자인 에릭 웨스너는, 아직 어린 소녀가 녹슬고 날카로운 헛간에 인접한 구조물의 양철 지붕 끝을 맨발로 터덜터덜 걸어가는 것을 보았다고 기록했다. 내 친구는 아미쉬 가정에서 만든 장작을 사러 들렀다가, 아버지가 자신들과 이야기하면서 세 살 난 아이에게 도끼를 가져오라고 시켜 깜짝 놀랐다고도 전했다.

어찌 보면, 우리 비아미쉬인들이 아이들을 너무 과잉보호하는지도 모르겠다. 그럼에도 불구하고 아미쉬 아이들의 안전에 대한 태도는 여전히 당황스럽다.

● 그들의 말로는(In their own words)

"정직하고 곧은 삶을 살면 굳이 말로 하나하나 표현할 일
이 없다. 너의 삶 자체가 이야기를 전하기 때문이다."

19. 학교(School)

아미쉬 공동체의 아이들은 대략 10% 정도만이 공립학교에 진학한다. 나머지 90%는 공동체에서 운영하는 교구 소속의 사립학교에 다닌다. 아미쉬 학교는 아미쉬 아버지들의 소위원회가 학사 일정을 확정한 뒤 교사를 채용하고, 건물을 유지하고, 예산을 감독한다. 건물은 한 개나 두 개의 교실로 이루어져 있다.

아미쉬의 학교 건물은 25명에서 30명 정도의 다양한 학년의 아이들을 수용할 정도의 크기인데, 남녀 화장실은 각각 건물 외부에 있다.

모든 학교에는 10대 후반에서 20대 초반의 아미쉬 여성 중 미혼인 선생님 한 명이 있다. 선생님은 기독교에 대한 믿음과 아미쉬의 가치, 수업 능력 등을 고려해 선발된다. 두 개의 반으로 이루어지거나, 한 개의 반이라도 학생이 30명이 넘는 경우 보조 교사가 있을 수 있다. 때로는 고학년들이 저학년 아이들을 돕는다. 아미쉬 학교에서는 교사 대학생 비율이 1대 4 정도 된다.

아미쉬가 아닌 다른 학교와 비교해 보면, 아미쉬 아이들은 1학년을 만 6세에 시작한다. 학교 수업 시간이나 수업 시간의 길이는 공립학교와 비슷하지만, 아미쉬는 연휴에 그리 오래 쉬지 않는다. 랭커스터 카운티에서의 예를 들면, 크리스마스에는 단 이틀만 방학을 하는 덕분에 5월 초에 한 학년을 마치게 된다.

아미쉬 아이들은 그들의 의무교육을 8학년에 끝낸다. 대부분 학교까지 걸어서 다니며, 너무 먼 거리라고 생각되면 스쿨버스를 이용하기도 한다.

아미쉬는 학생들을(존경하는 의미를 담아_역주) '학자(scholars)'라고 부른다.

아미쉬 학교와 법

1930년대 후반 이전, 아미쉬는 자신들의 공동체 근처에 있는 작은 시골 공립학교에 다녔다. 하지만 1937년부터 1954년 사이, 공립학교들이 좀 더 큰 학교들과 통합되기 시작하면서 변화가 생겼다. 아미쉬는 자신의 아이들이 모르는 선생님에게 배우기 위해 너무 멀리 있는 학교에 다녀야 하는 것을 걱정하기 시작했다. 교사들이 농업의 생활양식에 대한 교수법이나 보충수업을 할 수 있는 교육을 받지 못한 데다, 그들이 외부 세상에 너무 많이 노출되었다는 이유도 있었다. 그들의 공동체가 약화될까 걱정한 몇몇 아미쉬는 그들만의 사립학교 건물을 지은 후 교사를 따로 채용하고, 교육을 8학년까지로 제한했다.

이런 시도는 교육 당국에 항상 통하지는 않았다. 교육 담당 공무원들은 아미쉬 교사들이 자격증이 없고 또 제대로 교육을 받지 못한 까닭에 고등교육을 담당하기에는 역부족이라고 여겼다. 불안의 시기와 잇따른 논쟁의 결과로 인해 아미쉬의 몇몇 아버지들은 체포되고, 벌금형을 받거나 구금형에 처해졌다. 다소 합의가 도출되었지만, 결국 문제는 1972년 위스콘신 대 요더(Wisconsin V. Yoder) 사례로 전개되어 미국 대법원까지 가게 되었다. 마침내 법정은 아미쉬의 편의를 위해 아미쉬 학교들을 허가해 주고, 아미쉬 아이들을 8학년 이상 보내도록 강제하는 것은 종교적 자유의 침해라고 인정했다.

교육과정

교육과정은 교구마다 다르지만, 대부분의 아미쉬 학생들은 산수, 철자법, 독해, 문법, 역사, 지리, 사회, 독일어, 글씨체 수업을 듣는다. '자연'이라는 과목을 제외한 과학은 교육과정에 포함되지 않는다.(아미쉬 농부들은 농업의 기술을 다루지만, 학교 교과목으로서의 과학은 신뢰받지 못하기 때문이다.) 아미쉬의 가치들이 그들의 교과서에 촘촘하게 녹아 있기 때문에 종교는 따로 가르치지 않는다. 종교적 의식이 학교의 일상에서 행해지기도 하는데, 예를 들면 시작 기도를 함께 읽는 것이 그것이다. 컴퓨터, 음악, 미술, 연극, 체육 수업은 제공되지 않는다.

수업은 영어로 진행되므로, 아이들은 학교와 운동장에서 모두 영어로 대화를 해야 한다. 그러나 1학년 아이들은 대부분 영어를 거의 할 줄 모르는 상태에서 학교에 들어오기 때문에, 유창해질 때까지 약간의 자유가 주어진다.

회계 같은 특정 분야에 대해 더 깊은 공부를 원하는 아미쉬 성인들은 독학하거나 동료들로부터 배워야 한다. 혹은 통신 과정을 별도로 수강하기도 한다. 몇몇 공동체에서는 직업을 얻기 위해 고등학교 졸업 자격이 필요할 경우, 고졸 검정고시(GED)를 치를 수 있도록 허용된다.

○ 생각해 봅시다(Think About It)

아미쉬 학교들은 보통 비판적 사고방식, 독립적인 사고, 창의성, 개인주의를 강조하지 않는다. 대신, 그들은 아미쉬의 가치인 복종, 존경, 친절, 협력 그리고 순종의 가치에 집중한다. 그들의 제한된 교육은 첨단기술(high tech)이 좌우하는 세상을 향해 제대로 적용할 수는 없지만, 그들은 저차원적 기술(low tech)만으로 지탱할 수 있는 아미쉬의 삶과 일에 필요한 것을 충실히 준비해 준다고 생각한다.

○ 쉽게 푸는 가치(takeaway value)

전국 학부모회는 '교사들이 학부모에게 바라는 10가지'의 명단을 발표했다. 놀랍게도, 아미쉬는 이미 많은 것을 수년째 해오고 있다. 예를 들어, 좋은 모범을 보인다든가 혹은 최선을 다하는 학생들의 자세를 격려해 주는 것 등 말이다. 특히 10번은 아미쉬 부모가 특히 잘 수행하고 있는 핵심적인 부분이다.

"부모로서 교육에 책임감을 가져라. 부모의 의무를 학교와 교사에게 떠넘기지 마라. 아이들에게 자제력을 가르치고 가정에서 다른 이들에 대한 존경을 보여라. 학교와 교사가 이런 기본적 행동과 태도를 가르쳐 줄 거라고 여기며 의존해서는 안 된다."

아미쉬는 교육의 문제를 교사의 손에 전적으로 맡기는 일은 절대로 하지 않는다. 대신, 그들은 아이들의 삶과 그들이 가야 할 길을 가도록 지도하는 일에서 진정한 권위가 나타난다고 생각한다. 이 문제에서 만큼, 우리는 그들의 예를 따라야 할 것 같다. 우리 아이들과 동급생들 그리고 교사들을 위해서 말이다.

20. 탐색 기간(Rumspringa)

심지어 이 책에서조차 이런 용어를 흔히 사용하지만, 사실 '아미쉬 어린이'라는 말은 없다. 정확한 단어는 '아미쉬 부모의 아이들' 혹은 '아미쉬 공동체의 어린이'일 것이다. 왜냐하면 그들은 아미쉬로 태어나는 것이 아니라, 아미쉬가 되어 가기 때문이다. 이는 성인기의 시작인 10대 후반에서 20대 초반에 일어나는 자발적인 과정이다. 아미쉬 가정에서 자란 아이들은, 자신이 아미쉬 신앙을 받아들이고 세례를 받아 일원이 될 것인지를 선택한다.

그러나 그런 결정을 내리기 전에, 아미쉬 십대 청소년들은 탐색 기간(Rumspringa)을 거치게 된다. 이는 펜실베이니아 독일어로 '교제 과정'을 뜻하는 탐색의 기간을 이르는 말이다. 탐색기의 목적은 자신들의 규정을 조금 느슨하게 적용해, 십대 청소년들에게 외부 세계의 맛을 조금 경험하도록 하고, (희망할 경우) 친구를 찾고, 충분한 자유를 누려 보도록 하는 것이다. 그들이 아미쉬 신앙을 떠나 그들만의 새로운 삶으로 나아가는 대신 부모들처럼 아미쉬가 되는 것에 대한 성숙한 결정을 내리기 전에 충분히 정보를 갖고 또 독립적인 결정을 위한 자유를 주는 셈이다.

탐색 기간은 16세에 시작해 몇 년 동안 지속된다. 이 시기에 십대 청소년들은 여전히 자신들의 집에 살면서 기존과 다름없는 의무와 책임을 다하지만, 오르드눙(기피)의 규정에는 상대적으로 자유롭다. 부모와 교회 지도자들이 '다른 방식을 보라'고 허용한 만큼, 십대 청소년들은 그들의 새로운 자유와 함께 실험을 하도록 허용된다. 십대 청소년들은 자신들만의 독립적인 침실을 갖고, 친구들을 만나거나 데이트를 하며 야간에 슬쩍 사라지기도 한다.

보수적인 교구에서의 탐색 기간은, 집에서 교회까지 이성과 함께 구애를 위한 마차에서 노래하고 가는 일시적인 구애 과정을 포함한다. 좀 더 자유로운 교구에서의 탐색 기간은 운전면허를 취득한 뒤 자동차를 구입하고, 전기를 사용하고, 휴대전화를 사는 등 그 이상의 것도 가능하다. 최악의 시나리오는 십대 청소년들이 섹스, 마약, 술, 담배에 연루되거나 아미쉬와 비아미쉬 십대 청소년과 젊은 성인들이 참석하는 악명 높은 맥주 파티에 참석해 주말을 보내는 것이다.

결국, 아미쉬 공동체의 젊은 성인들은 세상을 등지고 부모의 신앙을 받아들이느냐 혹은 가정과 집을 박차고 나와 외부 세계를 온전히 받아들이느냐의 선택을 해야 한다. 하지만 교회와 함께 가는 것을 선택할 경우, 평생 헌신을 약속하는 것이라는 것을 모든 십대 청소년은 알고 있다. 세례식의 과정에서 공동체와 교회 지도자 그리고 오르드눙을 위해 자신들이 죽을 때까지 헌신할 것을 서약하며 머리를 깊이 숙인다.

놀랍게도, 아미쉬 가정에서 자란 십대 청소년들 중 85%는 최종적으로 교회에 합류하는 편을 선택하고 있다.

○ 매력적인 사실(Fascinating Facts)

좀 더 보수적인 교구에서 탐색 기간을 갖는 십대 청소년들은 아미쉬의 관습인 약혼자들 간의 성적인 접촉을 즐기는 것이 허용된다. 교제란 미혼의 남성과 여성이 같은 침대에서 밤을 보내는 것으로, 표면적으로는 성적인 행위를 하지 않는 것을 의미한다.

그들은 저마다 담요로 꽁꽁 싸매져 있거나 혹은 여성이 특별한 보호 가운을 입기도 한다. 그렇게 두 남녀는 여성의 침대에 남게 되고, 부모는 본인들의 침실로 들어가 버린다. 젊은 남성은 그곳에 밤새도록 머물 수 있지만, 새벽 4시에서 4시 반 사이에 진행되는 아침 착유 시간 전에는 자리를 떠야 한다.

작가인 리처드 스테빅에 따르면, 이런 풍습은 18세기에 미국에 건너온 유럽 이민자들로부터 유래되었으며, 과거에는 지금보다 더 많이 이루어졌다고 한다. 하지만, 지금까지 이 교제를 행하고 있는 아미쉬 공동체는 전체의 10% 미만이라고 말한다. 대부분의 아미쉬는 이런 풍습에 대해 좀처럼 언급하려 하지 않는다.

이런 관행의 옹호자들은. 남녀로 하여금 따뜻하고 편안한 분위기 속에서 서로 알아가는 기회를 주면서도 자제력을 기를 수 있다고 말한다. 이런 관습의 반대자들은 결혼 전의 성관계는 허용되지 않지만 때때로 불가피하게 이루어지는 일도 있다고 전한다. 아미쉬 십대 청소년들이 혼전 임신을 할 경우, 대부분 교회에 합류해 결혼식을 올리게 된다.

21. 세례(Baptism)

아미쉬로 살면서 종교교육을 받은 경우는 자신의 세례식을 준비하는 경우가 유일하다. 이 수업은 매주 일요일 아침마다 예배 전 30분에서 40분 정도 소요되며, 주교나 목사로부터 별도의 방에서 수업을 받게 된다.

젊은이가 세례 받기를 결정하는 경우, 그는 몇 달에 걸쳐 8~9번의 교리 교육을 수강해야 한다. 세례는 일 년에 한 번만 주기 때문에, 많은 부모는 그들의 자녀가 이 강의에 참석하기를 간절히 바란다.(참석하지 않는 경우, 아이들은 다음 기회가 올 때까지 또 다른 탐색 기간을 거치며 한 해를 보낸다.) 많은 아미쉬는 자녀들이 교회에 합류할 때만이 자신들이 성공적인 부모가 된 것이라고 생각한다.

세례의 준비 수업은 1632년에 발간한 '도르드레히트 신앙 고백서' 라는 교재로 진행한다. 이 교재는 재세례파의 핵심 신앙을 담고 있다. 후보자들은 18개의 글에 대해 심도 있는 수업을 듣고, 자신들이 살고 있는 지방의 오르드눙에 대한 구체적인 사항에 대해 가르침을 받는다. 격주 일요일에 진행하는 강의에 참석하는 동안, 그들은 탐색 기간의 덫을 모두 벗어 버려야 한다. 이는 그들의 자동차를 팔고, 외부에서 입던 옷을 처분하고, 전자기기들을 포기하고, 머리를 기르는 것 등을 의미한다. 몇몇 교구에서는 세 번째 수업에 접어들면서부터 오르드눙을 충실히 지키기 위해 주말 맥주 파티에 더 이상 참석할 수 없도록 한다.

이런 준비 과정을 거치면서, 젊은이들은 교회에 합류하기 위해 세례를 받고 싶은 것이 맞는지 끊임없이 질문을 받게 된다. 젊은이들은 매 수업 때마다 "저는 하나님의 이 교회에 참여하기를 원하는 사람입니다."라는 선언으로 수업을 시작한다.

아미쉬는 충분히 알고 있는 상태에서, 자발적으로 선택하는 성인 세례를 특히 강조한다. 망설이거나, 반항적이거나, 너무 의심쩍어 하는 후보자들은 준비가 되지 않았다고 판단한다. 그러면 이들의 세례 교육은 다음 해로 미룬다.

성공적으로 교육을 마친 청소년들은 세례식이 거행되는 일요일 바로 전날, 마지막 수업에 부모를 모신 자리에서 다시 한 번 질문을 받게 된다. 세례에 참석하기를 확실히 원하는 것인지……. 이때 남성 후보자는, 제비뽑기에 의해 선택되면 교회 성직자로 기꺼이 봉사할 것인지에 대한 질문도 받게 된다.

세례식은 추수감사절이 있는 일요일에 열린다. 후보자들은 정중히 절을 한 뒤 주교 앞에 무릎을 꿇고, 주교는 한 사람 한 사람 확인하며 세례를 베풀게 된다. 주교가 머리에 양손을 모으면 집사가 주전자로 물을 부어 주는 것으로 아미쉬 세례는 진행된다. 모두 세례를 받으면, 주교는 모든 남성에게 차례대로 신성한 입맞춤을 해주고, 주교의 아내는 여성 세례자들에게 축복의 인사를 해준다.

한 번 세례를 받으면, 구성원들은 아미쉬 신앙 안에서 남은 삶을 살아가게 된다.

22. 구애와 결혼(Courtship and Marriage)

아미쉬 사이에서 구애는 조심스럽게 이루어지며, 약혼은 결혼을 앞둔 1~6주 전에나 공식적으로 발표된다. 신랑과 신부의 가까운 친구와 가족 구성원들은 결혼 사실을 알고 있지만, 교회 지도자 이외의 다른 사람들에게는 널리 알리지 않는다.

약혼이 공적 효력을 가지려면, 신랑이 주교를 찾아가 자신의 약혼 의사를 밝혀야 한다. 그리고 교회에서의 좋은 행동에 대한 추천서(Zeugnis)를 받아야 한다. 하지만, 어떤 악한 행동에 대해 고칠 점이 있다고 판단되면, 주교는 훈계와 지도를 하게 된다.

그렇게 해서 신랑이 추천서를 받으면, 그는 이것을 신부의 목사(전도사)나 집사에게 보내게 된다. 교회 지도자들은 신부를 찾아가 그녀가 정말 신랑과 결혼하기를 바라는지, 그녀의 삶에서 어떤 악행이나 다른 문제가 없었는지를 논의한다. 모든 것이 만족스럽게 진행되면, 지도자는 적절한 시간까지 기다렸다가 교회에서 이 약혼에 대해 '공식 발표'를 하게 된다.

몇몇 정착지에서는 한 해의 어떤 특정 시기에만, 특히 그주의 특정한 날에만 결혼식을 치르도록 제한하고 있다. 예를 들어, 랭커스터 카운티의 결혼식은 10월, 11월, 12월의 화요일과 목요일에만 열린다. 반면, 오하이오 주의 제우가 카운티의 결혼식은 여름에만 열린다.

아미쉬의 결혼식은 300~500명의 손님이 참석하는 꽤 큰 행사다. 아미쉬는 외부 출장 업체를 부르지 않기 때문에 손님들을 위한 음식 준비에 많은 시간과 노력을 들여야 한다. 그래도 수많은 자원봉사자가 도와주기 때문에 공동체는 그토록 많은 결혼식을 치를 수 있는 것이다.

결혼식은 대개 신부 부모의 집이나 헛간 또는 가게에서 열린다. 주일예배에 사용되는 나무 벤치가 결혼식에도 사용되는데, 결혼식이 너무 크면 인근의 몇몇 공동체에서 필요한 만큼 벤치를 빌려 오기도 한다. 이렇게 세심하게 준비된 행사에서 가족과 친구들은 결혼 축제를 준비하고 또 축하를 위해 집을 꾸미게 된다.

결혼식 행사

아미쉬 결혼 예식은 그들의 주일예배와 많은 면에서 비슷하다. 신자들이 찬송가를 시작하면, 새로 결혼하려는 한 쌍의 남녀는 각기 다른 방으로 들어가 주교나 목사와 함께 어브로스(Abroth)라고 불리는 '충고와 격려'의 시간을 갖게 된다. 20~30분 정도 이런 시간을 보낸 뒤 신자 행사에 참석하게 된다. 매주 일요일의 예배와 마찬가지로 도입부 설교, 기도, 성경 낭독 그리고 주 설교가 포함된다. 신부와 신랑은 각기 두 명의 들러리를 세운다. 대부분의 교구에서 신혼부부는 주일에 입는 복장을 새로 지어 입는다. 한 가지 예외가 있다면, 신랑의 모자는 그가 결혼했음을 알리는 조금 더 챙이 넓은 '진짜' 아미쉬 모자를 맞춰 처음 쓴다는 점이다.

주 설교 시간 동안 주교는 새 부부에게 그들의 맹세를 지키겠느냐는 확인을 위한 일련의 질문을 하게 된다. 이후 이들을 남편과 아내로 선언하는 기도의 낭독이 이어진다. 이때 신부와 신랑은 키스는 하지 않지만, 대신 설교의 나머지 시간 동안 의자를 바꾸어 앉게 된다. 추가적인 설교와 해설은 교회 지도자들이 이어가는 가운데 마지막 기도와 찬송이 이어진다. 이 전체적인 행사는 세 시간에 걸쳐 굉장히 엄숙한 가운데 진행된다.

모든 예식이 끝나면 신부는 소녀를 뜻하는 검은 머릿수건을 벗고 기혼 여성을 의미하는 흰색 머릿수건을 쓰게 된다.

결혼식 이후 축하 행사는 교구마다 다르지만, 대부분 새로 결혼한 부부에 집중하며 축제 분위기를 이어간다.

ο 웹사이트를 찾아 주세요(Website Extra)
아미쉬의 결혼 축하에 대한 내용은 www.morefrom mindy. com을 방문하면 자세히 확인할 수 있다.

새로운 부부

신랑과 신부는 그들의 첫날밤을 신부의 부모님 집에서 치르게 된다. 그리고 바로 다음 날, 새벽 4~5시에 일어나 대청소를 해야 한다. 이때 가까운 친구들이나 친척들이 찾아와 이들을 도와주기도 한다.

신랑과 신부가 결혼 후에도 부모의 집에서 몇 주 혹은 몇 달 동안 사는 일은 흔치 않다. 주말이 되면 신혼부부는 자신의 결혼식에 와 준 친구와 친척들의 집을 찾아다니며 감사 인사를 하느라 여념이 없다. 그렇게 그들은 따뜻한 축하를 받으며 식사를 대접받고, 대화를 즐기고, 간혹 결혼 선물을 받게 된다.

그렇게 모든 일정을 마친 신혼부부는 신랑의 부모님 집 근처에 있는 작은 집으로 이사한다. 그곳에서 그들은 살림을 차리고, 마침내 남편과 아내로서의 한 가정을 꾸리기 시작한다.

● **매력적인 사실(Fascinating Facts)**

비밀스러운 연애에도 불구하고 몇몇 지역에서 떠들기 좋아하는 구성원들은 얼마나 많은 샐러리를 정원에 키우는지를 살펴본다. 그러면서 누구네 집에서 가을에 혼사를 치를 것인지 알아맞히고는 한다.

샐러리는 천천히 자라는 작물인 데다, 결혼식에서 사용하는 주요 음식일 뿐만 아니라 테이블을 꾸밀 때도 요긴하게 사용된다. 손님이 많을 경우, 샐러리는 보통 그 가족이 먹을 때보다 엄청난 양을 준비해야 하는 것이다.

23. 죽음(Death)

아미쉬는 전통적으로 죽음을 우아하게 받아들인다. 그들은 이를 신에 대한 궁극적 순종이라고 여기며, 육체가 무덤으로 들어가는 것을 마지막 항복이라고 여긴다.

아미쉬든 아니든, 죽음을 다루는 것은 결코 쉽지 않다. 하지만, 비탄에 빠졌을 때 항상 그곳에 있는 믿음의 공동체에 둘러싸여 있다는 것은 커다란 위안과 안도감을 준다.

아미쉬의 장례식 준비는 비아미쉬의 경우보다 더 단순하다. 관의 스타일이나 수의에서부터 장례식 후 음식 대접까지, 전통에 따라 진행하기 때문에 별도로 결정할 사안은 거의 없다.

아미쉬인이 죽으면 주로 입에서 입으로 공동체에 소식이 전해진다. 이 소식을 들은 친구들이나 이웃들은 급히 모여 장례 절차를 돕고, 농장 일과 가사를 돕고, 장례식을 위한 준비를 한다. 대가족이나 유족들은 먼 친척이나 친구들에게 소식을 알리기도 한다.

아미쉬는 대부분 집에서 죽음을 맞이한다. 이것이 바로 그들이 선호하는 죽음에 대한 방식이다. 집 혹은 병원에서 임종을 맞이하면, 고인의 몸은 이미 정해진 방식대로 진행된다. 비아미쉬 장의사가 방부 처리를 한 뒤 집으로 고인을 옮긴다. 동성의 가족들은 망자에게 수의를 입히고, 단순한 나무 관에 고인을 모신다. 관은 일층의 거실에 전시되며, 장례식까지 그곳에 위치해 있다. 친구나 친척의 방문도 거실에서 이루어진다. 이때 봉사자들은 장례 준비에서부터 가사, 농장 일을 계속 돕는다. 이런 도움 덕분에 가족들은 문상을 오는 친척들이나 친구들에게 집중할 수 있다.

관은 친구들과 가족들이 아미쉬 공동묘지 안에 직접 묻어 준다. 장례식은 가을의 일요일이 아니라면, 보통 사망한 지 3일째 되는 날 열린다. 아미쉬 장례식은 보통 한 시간이 걸리는데, 이때 많은 목사가 서로 돌아가며 설교하고 또 고인에 대한 애도가 이어진다. 장례식에는 노래도, 추도 연설도, 꽃도 없다. 장례식이 끝나면, 모든 이는 행렬을 따라 묘지에서의 예식을 시작한다. 관에는 손잡이가 따로 없기 때문에 끈을 이용해 땅속으로 옮긴 뒤 흙으로 덮는다.

마지막까지 겸손함을 잃지 않는 아미쉬는 비석 또한 작은 크기로 만들며, 화려한 수사나 정보를 비석에 담지 않는다.

장례식을 마친 후, 가까운 가족과 친구들은 집으로 돌아와 공동체가 준비해 준 음식을 나누어 먹는다.

ㅇ 매력적인 사실(Fascinating Facts)
대부분의 아미쉬 여성은 자신이 결혼식 때 입었던 모자와 앞치마를 두른 채 무덤에 묻힌다.

PART 4
바깥세상(Outside World)

집에 외부인을 묵게 해서는 안 된다는 금기는 없지만, 레이첼은 규율에 대한 불복종으로 시시덕거리며 자신과 친구들을 묵게 했다. 따라서 그녀는 신과 교회에 약속한, 평생 유효한 그 규율을 깬 결과에 대한 대단한 위험에 직면하게 되었다.

분개를 넘어 갑자기 싸한 느낌의 두려움이 몰려 왔다. 그녀는 아미쉬의 방식을 잘 알았다. 그녀는 철저하게 그리고 단호하게 평가받을 것이다. 오르드눙을 거스르는 것은 자신이 믿었던 모든 것에 반한다는 것을 의미할 뿐 아니라, 끔찍한 기피의 습관인 마이둥의 위협에 처하게 된다는 것을 의미했다.

바로 그 '마이둥'이 그녀에게 닥쳤다. 그녀는 가족과 친구, 자신이 알고 있던 유일한 삶의 방식에서 제외되고 제명되느니 차라리 죽는 편이 나을 것 같았다.

_BJ 호프, 레이첼의 비밀

24. 관광산업과 미디어(Tourism and Media)

아미쉬와 미디어라는 책에서, 저자 다이앤 짐머만 엄블과 데이비드 위버-저허는 아미쉬에 관련된 집단적 강박에 대해 증언하고 있다.

아미쉬는 매력적이다. 적어도 의복, 여행, 교육, 기술, 성공에 대한 다른 기준을 갖고 살아가는 우리에게는 말이다. 혹은 사회학적으로 말하자면 개별화, 특성화 그리고 차별화의 측면에서 다른 가치관을 갖고 있다. 아미쉬가 과거 150년이나 이어온 종교에 입각한 결정들은 스스로 시각적으로도 구별되는 문화를 만들었을 뿐만 아니라 본능적으로 매우 매력적인 문화를 만들었다.

엄블과 위버-저허가 말하는 그 '매력'이란 불가피하지 않지만 우연한 것도 아닌 것이다. 그것은 아미쉬와 영국인 사이에서 느낄 수 있는 차이라고 볼 수 있다. 이런 매력의 많은 부분은 미디어에 의해 만들어지고 유지되었다

아미쉬인들에 대한 다양한 개념은 의심할 여지가 없다. 그들의 일상에 대한 상당 부분은 관광과 영화, 텔레비전, 출판물 그리고 뉴스에 의해 영향을 받았다. 그러면서 우리

는 그들이 뭘 믿는지 그리고 어떻게 살아가는지를 알게 된
것이다.

관광

관광객들은 엄블과 위버-저허가 "전원의 신화"라고 부르
는 프로그램에 참여하기 위해 아미쉬 정착지를 방문한다.
이런 신화는 아미쉬의 삶이 건전하고 구식이지만, 단순하
고 완벽하며 또 선한 것이라는 의미를 내포하고 있다. 매일
신선한 농작물로 여유로운 식사를 하면서 아미쉬는 크게
고민할 문제도 없고, 모든 기술에서 자유롭고, 독특하게 맑
으며 또 동시에 특별하다. 우리가 부러워서 넋을 놓고 멍하
니 바라볼 수밖에 없지 않은가!

이런 신화의 일부는 사실이지만, 아미쉬가 보통 사람들
처럼 갈등이나 좌절을 겪지 않는다는 것은 아니다. 그들의
역사 역시 매력적이지 않은 부분이 있는 것처럼 그들의 사
회 역시 그렇다. 아미쉬인들이 선량하다는 것은 상당 부분
사실이지만, 그렇다고 해서 그들이 완벽한 것은 아니다. 그
들도 사람이 아닌가.

그러나 아미쉬를 기반으로 한 관광산업은 줄곧 이런 사
실을 중요하게 여기지 않는다. 그들의 문화 가운데 더욱 가
시적인 부분에 초점을 맞추고 있다. 그들이 옷을 입는 방
식, 말하는 방식의 우아한 태도, 각양각색의 농장, 그들의

가정에서 만든 음식, 아름다운 퀼트와 같은 부분만을 부각하면서 말이다. 아미쉬라는 단어는 관광객들과 방문자들에게 좋은 것과 나쁜 것 그리고 추한 것에 대한 다양한 감상을 불러일으킨다. 아미쉬 카운티의 관광정보센터에는 네온사인으로 된 관광객용 명승지가 있다. 아미쉬가 만든 가구가 전시된 가게에는 턱수염을 기른 남성이 검은 모자를 쓰고 '진짜' 아미쉬 음식을 광고하는 만화가 상영되고 있다. 이런 상업적인 프로그램은 항상 의도적인 것은 아니다.

몇 해 전, 나는 탐색 기간 중인 소년이 아미쉬 교회에서 세례를 받을 것인지 아닌지를 결정하려는 내용의 가상 멀티미디어 발표에 참석한 적이 있다. 전문적인 요소가 곁들여진 발표라지만 겉만 번드르르했다. 어쨌든 발표가 끝났을 때, 나는 그 발표에 대해 강한 의문이 들었다. 발표 내용 중 하나님이나 예수님 그리고 신앙에 대해서는 한 번도 언급하지 않았던 것이다. 대신 십대 소년이 그의 사랑하는 스포츠카를 운전하는 것을 포기할 수 있을 것인가에만 초점을 맞추고 있었던 것이다. 그 순간 나는, 감독이 뭔가 핵심을 놓치고 있다는 기분을 떨칠 수가 없었다!

심지어 아미쉬라는 황금 송아지(cash cow)를 이용하려는 뻔뻔스러운 시도도 있다. '아미쉬 물건'이라고 적혀 있는 중국산 제품이 판을 치고, '아미쉬 마차 체험'은 아미쉬 의상을 차려입은 비아미쉬인이 제공하고 있으며, 조잡한 관광 기념품 가게에서는 아미쉬인이라면 절대 어떤 일로도 사용할 일이 없을 말과 마차의 그림이 그려진 연필깎이 같은 조잡한 아미쉬 기념품을 팔고 있다.

이처럼 아미쉬를 상업적으로 이용해 자신들만의 실리를 추구하는 일이 많이 일어나고 있지만, 더욱 슬픈 사실은 따로 있다. 그것은 바로 아미쉬에 대한 인식이 지나치게 화려하고 또 선정적으로 굳어졌다는 것이다. 그러면서 이러한 곳에는 관광객이 몰리는 반면, 정작 가치 있고 존경을 받을 만한 아미쉬 정착지에는 관광객의 발길이 거의 이어지지 않는다는 것이다.

상업 영화

아미쉬 생활에 초점을 맞춰 인기를 얻은 영화 가운데, 아미쉬의 신화를 더욱 널리 알린 영화가 있다. 피터 위어 감독, 해리슨 포드와 켈리 맥길리스 주연의 〈위트니스〉라는 영화다. 이 영화는 아미쉬로부터 혹평을 받았다. 이 영화가 자신들의 생활양식이나 문화와 일치하지 않는다는 것이다.

별로 놀라운 일은 아니다. 로맨틱한 드라마의 목적은 즐기는 것이지, 정보를 제공하는 것이 아니기 때문이다. 영화 제작자들은 사실에 기반을 두고 더욱 흥미로운 이야기들을 만들어 낼 자유가 있다. 불행히도, 아미쉬에 대한 지식이 영화 〈위트니스〉가 전부인 사람이라면, 이들을 더 많이 오해하게 될 테지만 말이다.

다큐멘터리

다큐멘터리는 상업 영화에 비해 진실을 담아내는 데 있어 좀 더 많은 책임감이 있다. 그래서 우리는 아미쉬에 대한 다큐멘터리는 아미쉬 삶의 진정한 측면을 드러내고 있을 거라고 기대하기 쉽다. 하지만, 다큐멘터리 역시 시청자들을 의식하지 않을 수 없는 데다, 이들에게 즐거움을 주어야 하기 때문에 두 가지 양극단의 결론에 이르고는 한다. 엄블과 위버-저허가 말하는 '호감을 느낄 수 있도록 목가적 신화로 이끄는 〈보호받는 사람들〉이라는 다큐멘터리, 신화를 부추기고 또 오락적 요소가 높으면서도 너무 좁게 다뤄 비대표적인 선정주의로 흐를 수 있는 〈악마의 놀이터〉 같은 다큐멘터리'를 예로 들 수 있다.

이 두 가지 다큐멘터리영화 역시 진실을 아무렇게나 대하고 있지는 않지만, 아미쉬 생활에 대한 특정 측면의 특정 시각에 천착하고 있다. 이러한 이유로, 많은 사람이 아미쉬에 대한 일부분으로 전체를 지레짐작하는 실수를 저지르고 만다.

리얼리티 TV쇼

상업 영화와 다큐멘터리가 아미쉬에 대해 제대로 다루고

있지 않다면, 리얼리티 TV쇼는 어떻겠는가?

2004년 7월, '도시에 간 아미쉬'라는 리얼리티 쇼가 방송되었다. 그런데 탐색 기간 중인 아미쉬 젊은이들 5명이 현대식 가정을 방문해 5명의 비아미쉬인들과 함께 사는 모습을 방송으로 보여 주었다. 제작자들은 이들의 불가피한 문화 충돌을 다루면서 상당히 이질적인 세계의 유사점과 차이점을 조명하고자 했다.

결국, 이 시리즈는 아미쉬를 지나치게 악용한 나머지 모욕적이라는 비판을 받았다. 이 역시 아미쉬 생활에 대한 진실을 전달하는 데 별로 도움을 주지 못했다.

뉴스

뉴스 역시 아미쉬에 대한 정확성과 균형 측면에서 믿을 만하지 못하다. 뉴스는 여전히 선정적인 보도에만 열을 올리며, 결국 그런 특종기사는 아미쉬가 누구고 또 어떻게 사건들에 연루되었는지에 집중하기보다 사건과 별 관계도 없는 아미쉬의 마약 단속이라든지 모방 폭력 소식 등을 다룬다. 미디어에서 다룬 (지난 2006년의) 니켈 마인스학교의 총기 사건에 주의를 기울일 필요가 있다. 이런 큰 사건조차 학생들이 저지른 폭력에서 아미쉬의 용서에 대한 주제로 빠르게 옮겨 간다.

나는 아미쉬와 비아미쉬에게 일어나는 학교 폭력이라든

가, 아동 안전, 정신 질환 같은 좀 더 크고 중요한 문제들에 초점을 맞추는 대신 아미쉬 특유의 '용서'에 대한 부분만 강조하는 보도를 일삼음으로써 미디어가 커다란 잘못을 저지르고 있다고 강력하게 주장한다.

다른 자료들

이 모든 것 중에 좋은 소식은 대체 어디에서 전해지고 있는가? 관광, 상업 영화, 다큐멘터리, 텔레비전 그리고 뉴스의 문제들에도 불구하고, 내 생각에는 적어도 세 군데 영역에서는 유용한 정보를 제공하고 있다.

° 학계 | 크레이빌, 위버-저허, 호스테틀러, 스테비 그리고 놀트처럼 존경을 받는 저자들과 학자들 덕분에 아미쉬에 대해 정확하고 균형 잡힌 시각을 갖고 싶어 하는 이들이 상당히 많은 자료를 얻고 있다.

● 웹사이트를 찾아 주세요(Website Extra)
www.morefrommindy.com에서 이런 뛰어난 작가들의 작품 목록을 볼 수 있다.

° 소설 | 물론, 아미쉬 소설가들은 자신들의 취향에 따라 주제를 설정한다. 특히 아미쉬 경험 가운데 구원

에 대한 일부 요소를 다루기도 한다. 그러나 아미쉬 소설가들 대부분은 사실을 정확히 전달하고 균형 잡힌 시각을 유지하기 위해 애쓰고 있는 것처럼 보인다. 소설을 현실 세계로 가져오기 위해, 아미쉬 소설의 저자들은 독자들에게 아미쉬 생활의 완전한 이해를 돕고자 흑백뿐만 아니라 회색 지대까지 모두 가감 없이 전달하려 애쓰고 있다.

° 역사협회와 정보센터 | 많은 역사 관련 기관은 아미쉬와 다른 재세례파 집단에 대해 정확하고도 흥미로운 정보를 제공하고 있다. 몇몇 지역에서는 도움이 되는 봉사자들과 인쇄물 그리고 관광 안내 서비스까지 제공하고 있다. 아미쉬 지역으로 관광을 계획하고 있다면 허울 좋은 아미쉬 체험에 참여할 것이 아니라, 지역의 역사협회나 관광정보센터를 먼저 찾기 바란다.

이런 곳에서 정보를 찾음으로써 우리는 많은 오류를 떨쳐 내고, 더욱 매력적이고 참된 아미쉬의 세계에 집중할 수 있을 것이다.

25. 미신과 사실(Myths Versus Facts)

- 미신 ∣ 아미쉬는 이교도다.
- 사실 ∣ 아미쉬는 기독교이며, 현대에서 이교도라고 널리 받아들이는 기준에 부합하지 않는다. 아마도 이들이 오해를 받는 것은 그들이 매우 엄격한 규정의 체계를 가지고 있고, 이 규정을 위반 시 제명(기피)을 시행하기 때문일 것이다. 이교도와 달리 아미쉬는 특정한 단일 권위자를 내세우지 않고, 구성원들로 하여금 공동 기금에 동참하도록 요구하지도 않으며, 신앙의 방침 역시 메이저 프로테스탄트 교파들과 상당 부분 비슷하다. 그러므로 그들은 이교도가 아니라, 단지 지나치게 보수적인 기독교 신앙의 문화일 뿐이다.

- 미신 ∣ 아미쉬는 자신들만이 천국에 초대받았다고 생각한다.
- 사실 ∣ 그들의 강한 믿음과 규제가 심한 생활양식에도 불구하고 대부분의 아미쉬는 자신들이 천국행을 보장받았다고 주장하지도 않으며, 어느 누구에게나 그렇듯 천국행이 쉬운 길이 아니라고 생각한다. 다만 그들은 기독교인으로서 자신들이 천국에 가기를 희망하지

만, 천국행을 확신하는 것은 자만하고 뻔뻔스러운 일
이라 생각한다. 또한 아미쉬는 다른 종교에 대해서도
섣불리 판단을 내리지 않는 편이다. 그들은 "심판하지
마라, 그렇지 않으면 너희도 심판을 받을 것이다." 라
는 산상수훈을 믿기 때문이다. 자신들과 다른 이들을
위해 기도하면서도, 하나님에게로 향하는 천국의 길은
각자의 몫으로 남겨 두고 있다.

· 미신 ㅣ 아미쉬는 세금을 내지 않는다.
· 사실 ㅣ 아미쉬는 한 가지 예외만 제외하고는 비아미쉬
  인과 똑같이 세금을 내고 있다. 자영업을 하는 아미쉬
  는 사회연금보장제도 가입을 면제받을 수 있다.(실은
  모든 미국인이 종교적인 이유로 인해 사회연금보장제
  도를 거부할 수 있는 권리가 있다.) 그들은 믿음의 공
  동체 안에서 정부가 아닌, 자신들이 노인과 실업자들
  을 돌봐야 한다고 생각한다. 바로 이런 이유로 사회연
  금보장제도나 의료보험을 따로 가입하지 않는다.

· 미신 ㅣ 아미쉬는 아파도 병원과 의사를 찾지 않는다.
· 사실 ㅣ 아미쉬 대부분은 현대 의료 기술에 기대면 안 된
  다는 제한이 없다. 재정적 또는 전체론적 이유에서 그
  들은 가벼운 질병이나 상처에는 전문 의료진의 도움을

청할 확률이 낮지만, 환자의 상태가 의사나 병원의 치료를 요할 경우 당연히 병원에 간다. 아미쉬는 의료보험에 가입하고 있지 않기 때문에, 과도한 의료비에 대해서는 일반적으로 아미쉬 공동체가 지불한다.

· 미신 ┃ 아미쉬는 은행에도 가지 않고, 그들의 집이나 호주머니에 현금을 보관한다.
· 사실 ┃ 아미쉬도 자신들의 돈을 모아 두기 위해 돼지 저금통이 아닌 은행 계좌를 이용한다. 매우 흔한 광경으로, 랭커스터 카운티에서는 지역 은행의 드라이브 스루(drive thru) 창구를 이용하기 위해 줄지어 서 있는 말과 마차의 행렬을 볼 수 있다.

· 미신 ┃ 아미쉬는 투표권이 없다.
· 사실 ┃ 대부분의 아미쉬는 투표할 수 있도록 허락되지만, 그럼에도 불구하고 투표율은 대개 낮은 편이다. 그들은 공직에 입후보를 하지 않는다.

· 미신 ┃ 아미쉬는 모든 현대 기술을 거부한다.
· 사실 ┃ 아미쉬는 그들의 구성원들이 가질 수 있는 도구와 혁신에 대해 매우 제한적으로 허용하지만, 그렇다고 그들이 모든 현대 기술을 전면 거부하는 것은 아니

다. 새로운 기술이 한 교구 내에 가능해지려면 교회 지도자들은 아미쉬 생활과 가치에 미칠 잠재적 해악을 평가하고, 그 결과에 따라 결정을 내린다. 어떤 기술이 생활을 무척 편리하게 할 수 있다고 하더라도, 지도자들이 그 공동체에 영적으로 방해가 될 것이라고 판단하면 허용되지 않는다.

· 미신 | 아미쉬는 정략결혼을 한다.
· 사실 | 아미쉬는 자신의 배우자를 자유롭게 고를 수 있다. 이런 오해는 아마도 교회에서 약혼 도중 허용 절차를 거쳐야 하기에 생겨났을 것이다. 한 쌍이 결혼하기를 원하면, 그들은 아미쉬 교회의 성실한 일원으로서 필요한 경우 신부의 교회 지도자로부터 증명서를 받아야 한다. 그들의 조건이 만족되면, 그 약혼은 주교에 의해 '공표'되고 신자들에게 알려진다.

· 미신 | 아미쉬 아버지들은 결혼시킬 딸이 있음을 널리 알리기 위해 집의 대문을 청색으로 칠한다.
· 사실 | 이는 단순한 오해일 뿐, 현실적으로 그 어떤 근거도 없다.

· 미신 | 아미쉬 여성들은 가정에서 분만할 것을 강요받

는다.

· 사실 | 비록 많은 아미쉬 여성이 산파의 도움을 받아 집에서 아기 낳는 것을 선호하지만, 일부는 병원이나 조산원을 선택하기도 한다. 대부분의 아미쉬 부부는 어떤 환경이든, 자신들에게 최적의 조건을 선택할 자유가 있다.

· 미신 | 아미쉬는 열심히 노동을 해서 천국에 가는 길을 보장받을 수 있다고 생각한다.

· 사실 | 아미쉬는 구원이 믿음에 대한 은총의 결과라고 믿는다. 그들이 이토록 열심히 일하는 이유는, 스스로 그리스도인의 삶을 지향하며 매일매일 삶 속에 반영하기 위함이다.

· 미신 | 아미쉬는 무저항 평화주의를 고수하기 때문에 총기를 소유하거나 다루지 않는다.

· 사실 | 사람을 겨누는 것이 아니면 총기 사용에 전혀 문제가 없다. 아미쉬인들은 총과 활을 모두 사용하는 열렬한 사냥꾼이기도 하다.

· 미신 | 아미쉬인들은 산아제한을 해서는 안 된다.

· 사실 | 많은 교구에서는 어떤 형태의 산아제한도 전면

금지하고 있다. 하지만, 일부 다른 교구에서는 가족계획을 사적인 문제라고 여겨 부부의 재량에 맡기고 있다. 본래 아미쉬는 대가족 중심의 사회이기 때문에 가족계획은 불필요하다. 하지만 경우에 따라 허용된다.

· 미신 | 아미쉬는 어떤 종류의 전원도 사용하지 않는다.
· 사실 | 아미쉬 가정은 공공 기반 시설로 연결되어 있지는 않다. 그러나 그들은 프로판가스, 등유, 배터리, 풍력, 수력 그리고 태양열 등 다양한 종류의 대체 전력 공급원을 사용한다.

· 미신 | 아미쉬는 레스토랑이나 쇼핑센터에 절대로 가지 않는다.
· 사실 | 아미쉬도 레스토랑이나 쇼핑센터에 간다. 근검절약이 아미쉬의 핵심 가치이기 때문에 매주 외식하러 나가는 가족이 거의 없을 뿐이다. 주머니 사정이 허락하는 한 아미쉬도 레스토랑이나 쇼핑센터에 가는 것에 대해 제한은 없다.

· 미신 | 아미쉬는 근친이다.
· 사실 | 근친이라는 용어는 흔히 가까운 친척, 형제자매나 사촌들 사이의 성적 접촉을 뜻한다. 그런 의미에

서 아미쉬는 근친이 아니다. 대부분의 교구에서 육촌 이내 친척과의 결혼을 금지하고 있기 때문이다. 불행하게도, 아미쉬는 '창립자 효과'라고 알려진 부정적인 유전적 결과로 고통을 받고 있다. 대부분의 아미쉬들은 공통된 조상들의 유전적 형질을 매우 한정적으로 공유하고 있다. 비록 여러 세대를 거치며 유전적 혼합이 있었지만, 그들 DNA의 돌연변이는 희귀 질환의 확산을 부추겼다. 예를 들어, 왜소증과 단풍나무시럽병 등은 일반 대중보다 아미쉬 사이에서 유독 많이 나타나는 경향이 있다. 그들은 희귀한 혈액형을 띨 확률도 더 높다.

이런 문제 상황의 다른 측면은 DNA 연구자들로 하여금 아미쉬에 대한 연구를 부추겼다. 그들의 유전자로부터 정보를 모아, 아미쉬의 상당수가 영향을 받고 있는 당뇨와 같은 희귀한 유전적 질병의 원인을 규명하고 도움을 줄 수 있는 것이다. 아미쉬는 대부분 연구자들에게 과도할 정도로 협조적이어서, 과학적 연구를 위해 채혈도 두려워하지 않는다. 따라서, 랭커스터 카운티에 위치한 특수아동치료 클리닉 같은 곳에 있는 연구자들은 아미쉬와 긴밀하게 접촉해 아미쉬 사이에서 높은 빈도로 발생하는 희귀 질환들에 대한 치료와 예방을 돕고 있다.

· 미신 | 모든 아미쉬는 기독교인이다.

　　　어떤 아미쉬도 기독교인이 아니다.

· 사실 | 이론적으로 볼 때, 누구든 성경을 받아들이는 이는 기독교인이다. 아미쉬 신앙은 기독교의 성경에 기반을 두고 있다. 어떤 종교든, 몇몇 사람들은 자신들의 교파에서 추종하는 믿음의 참된 메시지를 내재화하기보다 립 서비스에 그치기도 한다. 그런 면에서 볼 때, 아미쉬의 믿음을 가진 개인은 전 세계에 퍼져 있는 다른 개신교나 가톨릭과 다르지 않다. 몇몇은 전통 때문에, 또 다른 이는 그 공동체의 일원이 되고 싶어서, 또는 다른 삶의 방식은 알지 못해서 특정 신앙을 선택하기도 한다. 어떤 사람들은 하나님을 사랑하고, 그의 아들을 믿으며, 대가를 치르고서라도 그를 따르고 싶어서 종교를 선택하기도 한다. 어떤 개인이 어떤 기독교의 신앙이 참된 기독교라고 말할 때, 그들과 하나님과의 관계는 다른 어떤 이들에게도 알려지지 않고, 적어도 이 천국의 측면은 다른 누구도 알 수 없다는 뜻이다.

· 미신 | 아미쉬는 모두 선하다.

　　　아미쉬는 모두 악하다.

· 사실 | 아미쉬는 평범하고 정상적인 인간이다. 그들의 삶의 양식이 다른 많은 사람과 다를 뿐, 다른 세상과

마찬가지로 아미쉬도 선한 아미쉬인과 악한 아미쉬인
이 있다는 사실은 변하지 않는다.

○ 웹사이트를 찾아 주세요(Website Extra)

이 작은 안내서가 당신에게 유용했나요? 아미쉬에 대해 더 알
고 싶으신가요? 그렇다면 www.morefrommindy.com을 찾아
주세요. 그곳에서는,

> ➔ 더 많은 매력적인 사실(Fascinating Facts)과 쉽게 푸는
> 가치(takeaway value)

> ➔ 이 책 각 장의 내용과 관련된 더 많은 내용

> ➔ 이 책에 나온 아미쉬와 관련한 토픽에 대한 다양한 사진
> 과 실제 사례들

> ➔ 아미쉬 관행의 성경적 기반

> ➔ 아미쉬 속담들

> ➔ 아미쉬와 관련된 다양한 용어와 구절들

> ➔ 추가 연구를 위해 도움이 되는 다양한 정보의 목록, 연락
> 처와 웹사이트 링크

> ➔ 이 작은 안내서의 완벽한 참고 문헌을 만나 볼 수 있습
> 니다.

26. 왜 그들은 아미쉬인가?
   (Why Are They Amish?)

이 책을 쓰는 동안 나는 아미쉬의 생활에 대해, 그것의 장점과 단점에 대해 많이 생각해 봤다.

처음에는 지금 나의 생활에 맞추어 생각해 보았다. 아미쉬의 모든 규칙을 떠올린 뒤 그 규정에 강하게 부딪힌다고 상상해 봤다. 전기를 사용하는 것도, 나만의 스타일에 맞게 옷을 입는 것, 나만의 교육을 추구하는 것도 마음대로 하지 못한다는 생각을 해 보았다. 신학적인 토론을 벌이는 것도 금지되고, 교회의 밴드에 맞춰 나 혼자 독창을 하는 것도 엄격하게 금지된다고 생각하니 얼마나 갑갑할까, 하는 생각이 먼저 들었다.

자녀를 키우면서 그들의 교육과 직업적 선택을 제한하는 것도 가늠해 봤다. 바깥세상에서 들여다보면 아미쉬 생활이 매력적이지만, 내가 절대 아미쉬가 될 수 없는 이유가 정말 많았다.

하지만, 아미쉬의 생활양식에 대해 이야기할 것이 많이 남아 있고, 존경할 점도 많으며, 본받아야 할 점도 여전히 많다. 그들의 평화로운 존재감과 엄격한 노동 윤리, 그들이 그리스도를 끊임없이 따르는 모습 등 이런 것들이 내가 이해하지 못하는 수많은 부분임에도 불구하고 나를 아미쉬로 잡아당기는 것 같다는 느낌이 들었다. 아미쉬의 세상에서 나는 여전히 살아가지 못할 것 같지만 말이다.

어떤 부분이 그들에게 효과가 있었는가! 이것이 바로 내가 이해하고자 했던 부분이다.

진정으로, 왜 그들은 아미쉬일까? 이 책을 쓰면서 나는 그 문제에 대한 몇 가지 대답을 얻을 수 있었다.

첫째, 아미쉬는 자신들보다 더욱 큰 무언가에 대한 소속감에 대해 개인적으로 대단한 만족감을 느낀다는 것을 알 수 있었다. 그들에게는 놀라울 만큼 끈끈한 가족과 공동체의 끈이 있다. 그것은 삶의 다른 부분을 쉽게 만들어 주며, 규칙을 따를 수 있게 해 주며, 이런 생활양식조차 받아들이게 해 준다. 같이 예배를 드리고, 친교를 나누고, 학교에 가고, 일하고, 노는 믿음의 집단에 속한다는 것은 엄청난 만족감을 안겨 준다.

당신의 헛간이 불에 타 무너졌지만, 친구가 나타나 새 헛간을 지어 준다고 상상해 보라. 재앙과도 같은 의료 문제가 있었지만, 당신의 공동체가 와서 내 능력 밖의 부분에 대해 재정적으로 지원해 줄 거라는 사실을 믿고 있다는 것을 상상해 보라. 단지 신이 그들에게 그렇게 하라고 요구했기 때문에 모든 사람이 서로 사랑하고, 돌보고, 친구가 되어 주고, 규율을 지키는 진정한 공동체 속에서 살고 있다고 생각해 보라. 그 세상이 제공해 줄 안전망에 대해 상상해 보라! 옆집에 사는 이웃의 얼굴도 알기 힘든 세상에 살고 있는 우리에게, 모든 구성원과 끈끈하게 연결된 이 공동체의 모습은 매력적일 수밖에 없는 것이다.

둘째, 아미쉬 가족의 구조 역시 우리가 존경할 점이 많다. 아미쉬 아이들은 부모의 직장에서 많은 시간을 보낸다. 아미쉬는 아이들을 키우는 것이 자신들의 가장 중요한 일이라고 생각한다. 그래서 항상 그들을 가르치고, 사랑하고, 인도해 준다. 자신들의 가장 중요한 사명이 바로 아이들 속에 있는 하나님의 모습을 존중하는 것이라는 가르침을 누가 싫어하겠는가?

셋째, 아미쉬는 나이가 들어가는 방식조차 무척 멋지다. 노인들을 돌보는 양로원 같은 기관이 없다. 다만 가족들은 같이 지내면서, 나이 든 부모들은 자신의 품위와 존엄을 지키며 남은 인생을 이어갈 수 있는 그로스다디 하우스(Grossdaddi Haus)로 옮겨 간다. 하지만 마지막 날, 자신의 삶은 역시 집에서 마무리하는 것이다.

넷째, 아미쉬의 삶은 매일매일 조용하고 단순하다. 텔레비전이 없으니 세상은 더욱 조용하고 더욱 평화롭다. 전화기와 컴퓨터가 없으므로 삶을 방해하는 요소가 훨씬 적을 것이다. 아미쉬가 단순함과 평화로움을 강조하기 때문에 저녁 식사를 오래 할 수도 있고, 책을 읽거나 바느질로 시간을 보내며 매일 하루 동안 있었던 일을 공유하고, 아이들이 근처에서 조용히 노는 모습을 상상할 수 있다.

마지막으로, 나는 아미쉬들이 자신들의 삶의 방식을 즐기는 이유에 대해 고민했다. 그 결과 그 모든 것의 중간에 신이 매우 중요하게 자리 잡고 있기 때문이라고 결론을 내렸다. 아미쉬는 하나님의 뜻 안에서 노력하고, 성경을 따르고, 진정으로 세상 밖이 아니라 세상 안에 존재한다. 그리스도를 구세주로 받아들인 사람은, 그들 안에 기쁘고 고귀한 길이 있는 것이다. 그렇기 때문에 그들에게는 이런 방식이 효과가 있었던 것이다.

아미쉬 소설이 인기 있는 이유도 바로 여기에 있을 것이다. 비록 우리는 현대적인 편의 시설이나 우리에게 주어진 무제한적인 오락거리를 누릴 수 없는 삶은 상상하지 못한다. 하지만 기술이 없는 집에서, 가족 중심으로, 사랑하고 지지하는 공동체에 둘러싸여 하나님께 온전히 귀의하며 사는 삶은 놀랍도록 매력적으로 보일 것이다. 소설을 읽으면서 우리는 그 모든 경험 속에 잠깐 방문하는 것처럼 대리 만족을 할 수 있다.

그러나 우리가 소설책을 놓고 다시 우리의 삶으로 돌아와, 아미쉬의 좋고 선하고 또 진실한 면만 생각해 보자. 그리고 그런 점을 우리의 비아미쉬 생활에 한번 적용해 보자.

● 웹사이트를 찾아 주세요(Website Extra)

본 안내서 앞부분에 있는 목차는 주제별로 잘 요약되어 있습니다. 더 자세하고 구체적인 목록은 www.morefrommindy.com을 방문해 찾아보세요.

작가 민디 스탄스 클락

아미쉬 생활에 대한 작은 안내서는 하베스트 하우스 출판사와 민디가 함께 만든 13번째 책이자 아미쉬 세상에 대한 두 번째 책이다. 2009년의 첫 번째 시도는 아미쉬에 대한 미스터리를 담은 〈랭커스터 카운티의 그늘〉이었으며, 베스트셀러가 되었다. 민디의 다른 책은 〈자기 스스로 청소하는 집〉이라는 논픽션과 〈케이준 달 아래 베이유의 속삭임〉이라는 인기 있는 미스터리 소설을 포함한다.

민디는 전직 가수이자 코미디언 출신으로, 유명한 연설가이자 극작가이기도 하다. 그녀는 펜실베이니아 주의 밸리 포지(Valley Forge) 근처에서 남편과 함께 두 딸을 키우며 살고 있다. 민디의 웹사이트는 www.mindystarnclark. com이다.

역자 신아인

숙명여대 영문과를 졸업하고, 서울대 경영학과 대학원과 프랑스 ESSEC, 구본형 변화경영연구소에서 공부했다. 세계일보에서 정치부 및 경제부 기자로 근무하며, 슬로푸드 국제대회에 참여하며 다양한 사람들과 글로 소통하는 법을 배웠다. 현재는 글쓰기와 출판을 통해 더 많은 독자와 소통하고자 번역과 저술 작업에 힘을 쏟고 있다.

국립중앙도서관 출판시도서목록(CIP)

아미쉬 생활에 대한 작은 안내서 / 지은이 : 민디 스탄스 클락 ;
옮긴이 : 신아인. ─ 용인 : 생각과사람들, 2015
　　p. ;　　cm

원표제 : Pocket guide to Amish life
원저자명 : Mindy Starns Clark
영어 원작을 한국어로 번역
ISBN 978-89-98739-34-8 02230 : ₩8000

아미시[Amish]
메노파[─派]
공동체 사회[共同體社會]

238.96-KDC6
289.73-DDC23　　　　　　　　CIP2015027055

A Pocket Guide to Amish Life
Copyright © 2010 by Mindy Starns Clark
Korean Translation Copyright © 2016 by T&H Press

Korean edition is published by arrangement with MacGregor Literary Inc.
Though Duran Kim Agency

본서는 듀란 김 에이전시를 통하여 국내에 독점 계약 공급 되었으며,
한국어판의 판권은 (도)생각과 사람들에게 있습니다.
본서의 일부 또는 전체의 무단 전재를 금합니다.

아미쉬 생활에 대한 작은 안내서
Pocket guide to Amish life

2015년 12월 23일 초판 1쇄

지은이	민디 스탄스 클락
옮긴이	신아인
펴낸이	오준석
교정교열	신동소
디자인	변영지
인쇄	예림인쇄
펴낸곳	도서출판 생각과 사람들
	경기도 용인시 수지구 신봉2로 72
	전화 031-272-8015 팩스 031-601-8015 이메일 inforead@naver.com

· 잘못 만들어진 책은 구입처에서 교환하여 드립니다.
· ISBN 978-89-98739-34-8 02230